人間文化研究叢書別冊　ESDブックレット1

ESDと大学

目次

はじめに　3

序論　大学にとってのESD●別所良美　4

第1部　報告　―パネリストからフロアへ―

1. 名古屋市立大学人文社会学部　ESDへの歩み●成　玖美　18
2. 人文社会学部がなぜESDなのか?●別所良美　28
3. 大学におけるESDの推進―特に地域連携について―●阿部　治　41
4. 中部ESD拠点の取組み●竹内恒夫　62

第2部　質疑応答　―フロアからパネリストへ、パネリストから読者へ―

大学でESDをどう進めるか?　76
大学でESDを継続的に進めるには?　スタッフや予算の確保は?　80
中・高でESDはどうなっているの?　81／ESDと学力　83
中・高の総合的学習との違いは?　84／ESDを企業に　85
ESDと就職　88／ESD力と地域おこし　90
ESDは南北問題を解決できるか?　持続可能性と発展の矛盾をどうするか?　94
ESDは矛盾があるから学ぶ意味もある　95
持続不可能性のエビデンスを認めることから始めよう　96
日本から世界へ持続可能な未来像を　98／やれることはたくさんある　99

おわりに　102／読書ガイド　103／基本用語集　105／索引　111

＊コラム一覧

1. 教養教育におけるESD●吉田一彦　38
2. 学校・文部科学省とESD●藤田栄史　59
3. 名古屋のまちづくりとESD●山田　明　73
4. ESD基礎科目「持続可能な日本社会論」第3回グループ発表会●飯島伸彦　78
5. 企業の社会的責任(CSR)とESD●藤田栄史　91
6. ESD基礎科目「世界の中の日本文化」授業風景●阪井芳貴　100

はじめに

　名古屋市立大学人文社会学部は、2013年度よりESD（Education for Sustainable Development）を教育研究の柱とする学部に生まれ変わりました。そしてそれを機に、今までにも増して、地域・地球社会から問題を汲み取り、学生や地域のみなさんと体験／対話／協働しながら教育研究を進めていこうとしています。

　また2014年秋には、「国連ESDの10年」の最終年会合が名古屋・愛知で開催されます。世界的にも現在「持続可能な社会づくりの担い手を育む教育」が求められ、その成功に向けて私たちの学部も今ささやかな、しかし責任ある一歩を市民・県民のみなさんと踏み出したいと考えます。

　人間文化研究叢書別冊として出版されるこのESDブックレット１は、学部改革と国際問題への参画という二課題に応えるべく、本年２月５日に本学部で開催されたシンポジウム「ESDと大学―新たな地域連携型教育の多様な可能性を求めて―」の記録です。日本のESDをリードする立教大学の阿部治教授と名古屋大学の竹内恒夫教授にパネリストに加わっていただき、大学におけるESDの多様な可能性を探りました。

　幸いシンポジウムは多数の参加者を得て成功しました。そこでは、本学部がESDを認知し試行錯誤的に実践しそれを教育の柱とするに至った経緯、ESDの大きな可能性や意義と多くの困難や課題が赤裸々に語られ論じられました。

　本学部では新一年生向けにESD基礎教育が今年度から始まりました。学生も教員も地域連携・学生参加・課題重視型のこの教育に四苦八苦しながら格闘しています。ESDにできあいの解答はありませんが、グローバルな状況と地域的な文脈を踏まえた上で、具体的実践事例を通じてESDとは何かを学び、それを新たな状況・文脈に活用することはできます。

　ブックレットの知が、学生、教員、地域のみなさんの血や肉となり、持続可能な地域・地球社会を創るため活かされることを切に願います。

寺田元一・成玖美

序論　大学にとっての ESD

別所良美（専門：現代思想）

ESDとは大学改革

　名古屋市立大学人文社会学部は2014年度から「ESD：Education for Sustainable Development（持続可能な開発のための教育）」を教育の新たな理念として出発することになりました。率直に言って現在のところ、ESDを理念として、人文社会学部の教育と研究を今後さらにどのように改革してゆくのか、またカリキュラムや授業内容を具体的にどのように改革してゆくのかについて、試行錯誤の状態です。まさに走りながら考え、考えながら走っています。

　しかしこのような一見心もとない現状の原因はESDという課題そのものの重大さと複雑さに由来するのだと思われます。ESDは、教育といっても、従来の教科教育とか専門分野教育とは根本的に異なったものです。ESDは、SD（持続可能な開発）について生徒や学生に教えることではありません。「持続可能な開発」は、数学、物理学、工学、経済学、政治学といった個別学問分野の対象ではありません。したがって「持続可能な開発学」という学問分野も知識体系も存在しません。ESDは専門的知識内容としてのSDを教える教育ではないのです。「持続可能な開発のための（for）教育」という表現は教育の「目的」を規定しているのです。つまり、あらゆる教育の目的が、そしてあらゆる学問研究の目的が「持続可能な開発」でなければならないということです。「開発」という言葉を使うことに抵抗があるとすれば、「持続可能な発展」とか「持続可能な社会」とか「持続可能な未来」と言い換えてもよいでしょう。教育や学問研究の目的は「持続可能な社会と未来」を実現することでなければならないということが、ESDという言葉には

込められています。

　このように理解すると、ESDが大学の教育・研究にとって重大な挑戦であることがわかります。というのもこれまでの常識では、大学における専門的な教育や研究は各専門分野固有の方法論と真理基準に基づいて真理を探究するものと考えられてきました。これが学問研究の自由と独立を支えるものでした。国家の政治的目的や宗教的価値観といった外部からの影響を排除するところに近代の学問研究の営為は成り立っていました。国家権力や宗教的権力が押し付けようとする外的な目的や価値観から学問研究が独立しているからこそ、学問研究の客観性に信頼を置くことができたのです。これがいわゆる「価値自由」（マックス・ヴェーバー）ということです。ところがこの学問の近代的理想型には負の側面が潜んでいました。学問の「価値自由」が、外的な権力からの学問の独立という意味から、学問においてはそもそも価値や目的について考える必要はないという理解にずれてゆき、与えられた課題に関して専門領域の方法論と真理基準に従った答え・解決策を出せばよいのだと考えられるようになりました。専門研究者は、与えられた課題を自分の専門分野の作法にしたがって最も合理的に解決する専門人であり、所与の課題・目的に合理的な最適の手段や道具を見出すことができる人間、つまり「道具的理性」を使用する人間となりました。この類型の専門人が学問研究の分業を推し進め、膨大な知識、新しい科学技術を発見して富の増大に貢献してきたわけですが、この専門人は自分の研究が社会全体にとって、そして人類全体にとってどんな意味を持つのかを考えることが苦手です。むしろ彼の専門家としての自尊心は、社会全体・人類全体にとっての意味や価値や目的といった曖昧な素人考えに耽ることを禁欲させます。しかし外側からこの類型の専門人を眺めると、狭い領域の専門研究にのめりこんで、それが社会全体にどんな影響を与えるかを考えようとしない「専門バカ」と映るかもしれません。20世紀のはじめにマックス・ヴェーバーは、こ

のような人間を「精神なき専門人、心なき享楽人」と名付けて憂慮していました。専門研究者も自分の限定的な研究成果が社会全体にとってもつ意味と価値を深く考える「精神」をもつべきであり、また専門外の場でも単なる私人として自己利益を追求するのではなく、他のすべての人間に共感し配慮する倫理的な「心」をもつべきだということでしょう。そして社会全般の専門化・分業化がさらに進んだ現代においては、「精神なき専門人」とは大学内だけではなく、社会のすべてに蔓延しているのかもしれません。

　学問研究の専門化・分業化がもたらす弊害への批判はすでにいろいろな形で行われ、また改革の試みも蓄積されています。かなり以前から「学際的研究」が唱えられ、それぞれの専門分野・学問分野の垣根を越えて共同研究を行い、知の共有と融合による新しい知識の獲得が重視されてきました。特に近年では大学に対して「社会貢献」や「地域連携」を推進することが文部科学省の政策としても求められています。そして「USR: University Social Responsibility」つまり「大学の社会的責任」という用語も徐々に広がりつつあります。このような社会の趨勢が意味するのは、大学における学問研究が、学問の自律・自由という自己理解を越え、専門分野の枠や大学という空間の境界を越えることによって、学問研究の社会的な意味と価値を自ら問い直さなければならないということです。

　人文社会学部が1996年に「Well-being：豊かで人間らしい生き方」という理念を掲げ、学際的な学部として出発したのも、大学における教育と研究の社会的責任を真摯に反省し、実践するためでした。20年近い人文社会学部の歴史の中で、この理念の実現をめざした研究・教育の実践が積み重ねられ、多くの成果を出してきたと思います。しかしながら、各専門分野での自律的な研究・教育を「豊かで人間らしい生き方」の実現という共通の価値観・目的意識によって緩やかに統合するという従来の方針を今や再検討する時期だと思います。というの

は、地球温暖化をはじめとする自然破壊の進行、化石エネルギーや他の自然資源の枯渇と、それに深く結びついた世界的な豊かさの格差の拡大といった諸問題の重大さは、私たちに「豊かで人間らしい生き方」という理念以上に明確で特定された価値観・目的の意識化を必要としていると思われるからです。地球規模での「持続可能性」という価値観に照らした場合、Well-beingという言葉に込められていた「人間的な豊かさ」とは一体何を意味するのかについて、さらに深い反省が必要となります。地球規模での生物生産力（バイオキャパシティ＝自然生態系が、一定期間内に、再生可能資源を生産し、廃棄物を分解・吸収する能力のこと）の限界が危機的な兆候を示しているとき、豊かな先進国で生きる私たちは「人間的な豊かさ」を、（ⅰ）開発途上国で生きる人々との世代内公正の問題、そして（ⅱ）自然資源が枯渇した地球に生きる未来の世代に対する世代間公正の問題、さらに（ⅲ）人間の豊かさの追求によって絶滅に追いやられる他の生物種に対する異種間公正の問題をも考慮して再定義する必要に迫られているのです。ESDとは、「持続可能性」という価値理念によって現代の人類社会の持続不可能な存在様態を課題として意識化し、それに対して研究や教育が何をなすべきか、何をなしうるのかを自問させ、自己変革を要求する概念だと思います。しかしESDは、それぞれの学問分野での研究や教育に具体的に何をするべきだと指定するものではありません。持続可能な社会の実現のためにそれぞれの分野の研究と教育に何ができるかは各専門分野の自律性・主体性に委ねられています。

　それだけに私たちは、SDおよびESDという価値理念を国際社会がこれまでどのように作り上げてきたのかを振り返らなければなりません。地球規模の危機に対して国際社会が取り組んできた営みを、自らの課題としても引き受けることから始めるべきでしょう。そのための一助として、以下では、ESDという考えが生まれてきた経緯を国連の活動を中心に簡単に振り返ってみたいと思います。

ストックホルム・人間環境会議（1972年）

　「持続可能な開発」という問題が論じられるようになったのは、1972年にストックホルム（スウェーデン）で開催された国連人間環境会議に端を発します。この会議は、60年代の高度経済成長に伴って発生した公害問題や環境破壊に直面して、自然環境の保全が人類の生存にとって重要であることを国際社会が確認した最初の国際会議でした。

　すでに60年代には日本でも「水俣病」「四日市ぜんそく」が問題となり、東京には光化学スモッグが発生し、国中の河川は汚れ、次々に「死の川」となっていましたが、他の欧米先進国でも事情は同じでした。アメリカでも農薬の過剰使用の影響が出始め、ロスアンゼルスの光化学スモッグが問題となっていました。そのような中で1962年、女性海洋学者で作家のレイチェル・カーソン（Rachel Carson, 1907-1964）が『沈黙の春 Silent Spring』を発表しました。彼女は、人間がこのまま劇薬のような化学物質を無秩序・無制限に使い続けていけば、生態系が乱れてしまい、やがて春が来ても鳥も鳴かずミツバチの羽音も聞こえない沈黙した春を迎えるようになる、と警告しました。その後、公害防止や環境保護の運動は発展し、1970年4月22日には全米で環境保護の大規模デモ「アース・デー」が行われました。このような民衆の運動に押されて、アメリカでは同年、連邦環境保護局が設立されることになり、翌1971年には日本でも環境庁が設置されました。

　この時期で注目すべきことは、主に反体制派が経済成長や環境破壊を非難していた段階から、各政府や世界経済の指導層までも危機意識を共有する段階に移行し始めたということです。このことを象徴するのが、世界の大企業の経営者が出資して設立された民間シンクタンク「ローマクラブ」（1970年設立のスイス法人）が1972年に公表した『成長の限界』という報告書です。この報告は、従来の経済成長パターンを続けてゆけば100年以内に世界の成長は限界に達すると予測したのでした。

このような時代背景のもとに開催されたのが1972年の「国連人間環境会議」(ストックホルム会議) でした。今の時点で、この会議の宣言文「人間環境宣言」を読むと、人間環境の危機に対する意識はなお牧歌的だったという印象を受けます。つまり、科学技術の発展や経済成長に現れる人間の力は、人間に多大の恩恵をもたらしたものであるが、しかし「誤って、または不注意に用いられるならば wrongly or heedlessly applied」(UN 1972:§3)、この力は人間と人間環境に計り知れない害をもたらすという認識でした。逆に言うと、科学技術を「賢明に wisely」用いれば、人類は環境危機を十分回避できるというものでした。むしろこの会議での難題は、先進国と開発途上国との対立でした。先進国は、工業化や技術開発が自然環境の汚染や破壊を引き起こすと主張する一方で、他方の開発途上国は、未開発や貧困こそ人間環境を破壊する最大の原因だと主張していたということです。当時、先進国では開発途上国での人口爆発が盛んに問題として取り上げられていました。問題は途上国にあり、途上国の人口爆発を抑制できれば、人間環境の破局は回避できると先進国が身勝手な要求をしている、と途上国には受け取られていたのかも知れません。

いずれにせよ先進国と途上国との意見対立のおかげで、宣言文には、人間環境の危機を回避するために必要なことは、世界の資源と富を公正に分配すべきだという視点が盛り込まれています。科学技術を賢明に用いるということは、単なる技術的な頭の良さではなく、国際社会において経済的・社会的な正義と公正を実現する叡智でもなければならないことが確認されたのです。この宣言の主文と26の原則 (共通の信念) の中には、後に「持続可能な開発」や「持続可能な開発のための教育」という概念で展開される問題意識と方向性がすでに潜在的な形で含まれています。

「持続可能な開発」概念の登場（1980年）

　1972年の国連人間環境会議は「人間環境宣言」を採択すると同時に、その宣言の実施機関として国連環境計画（UNEP: UN Environment Programme）の設置も決定しました。このUNEPは、宣言の中で指摘されていた国際的な環境教育計画の必要性を受けて、1975年からUNESCOと協働して「国際環境教育計画（IEEP: International Environmental Education Programme）」を開始し、さまざまなプログラムを実施しました。UNEPの活動成果のうちで「持続可能な開発」概念との関係で重要なのは、1980年に公表された文書「世界保全戦略」です。この文書を実質的に準備したのは「自然と自然資源保存のための世界連合（IUCN: International Union for Conservation of Nature and Natural Resources）」という自然保護団体であり、それをUNEPと「世界野生基金（WWF: World Wildlife Fund）」が検討し助言するという形で完成されました。この文書が、国際的な公的文書として初めて「持続可能な開発」という用語を使用しました。持続可能な発展を達成するために生物資源の保全が不可欠であることを明らかにするのがこの文書の目的でした。ここではまだ世代間の公正といったことは主題化されていません。

　次いで国連は1984年に、日本政府の提言を受け、「環境と開発に関する世界委員会（WCED: World Commission on Environment and Development）」を設置しました。この委員会は、当時ノルウェーの首相であったブルントラント女史を委員長として、3年間にわたる委員会活動と世界各国での調査や公聴会を精力的に実施し、1987年に報告書『我ら共有の未来 Our Common Future』（WCED 1987）（いわゆるブルントラント報告）を提出しました。この報告書によって初めて「持続可能な開発」という用語に明確な定義が与えられ概念化されました。それによると「持続的開発とは、将来の世代が自らの欲求を充足する能力を損なうことなく、今日の世代の欲求を満たすこと」（WCED 1987: 訳28）と定義され、世代間公正の観点が明確になっています。

この定義は一見当たり前のことを言っているようですが、開発をもはや物質的富の増大で定義していないところが重要です。開発が人間の欲求（ニーズ）を満たすことだと定義されることによって、「開発」概念は全く新しくなります。開発が物質的富の量で定義される場合には、それは現状でも絶対的限界をすでに超えています。すべての人間が先進国と同じような消費生活をするには地球が2個以上必要なのが現状です（ワケナゲル 1996）。しかし開発が人間の基本的ニーズの充足度によって測られる場合、開発とは、限られた自然資源とエネルギーの限界内で、現在の地球上のすべての人間の基本的ニーズをより公正に充足し、また基本的ニーズそのものをより人間的なものに変容させ、未来世代に十分な自然資源を残すための技術的、社会制度的、そして文化的な発展のことを意味することになるでしょう。「持続可能な開発」とは、私たちが目指すべき、そのような人間的な発展の理念なのです。このような「開発」概念の変容はすでに途上国に対する開発論や開発経済学の分野でも議論されてきたようです（吉川 2012）。また世界銀行の上級エコノミストでもあった経済学者ハーマン・デイリーは「持続可能な開発」という場合の「開発（development）」を、物質的な資源消費量の増大である「成長 growth」から明確に区別し、「質的な改善や潜在力の実現」であると理解し、そのための経済モデルの確立を提案しています（デイリー 1996）。そうすると日本語の語感からしても、デイリーの著書の翻訳書のように、developmentを「開発」ではなく「発展」と訳して、SDを「持続可能な発展」とした方が良いのかもしれません。

　いずれにせよ「持続可能な開発」に関してブルントラント報告書が何度も強調しているのは社会的公正の重要さです。国際的および国内的な社会的公正を促進するような「開発」が、貧しい国々の人々の基本的ニーズを満足させることで、貧困ゆえの人口増加を抑制し、限りある資源を未来世代にも残すことができるのです。そしてこの社会的

公正さを実現するためには、各国内で実効的な市民参加を可能にする民主的政治制度を確立し、国際社会においても資源とエネルギーの分配に関する民主的な意志決定制度が必要とされます。ブルントラント報告が定義した「持続可能な開発」とは、国内外における民主的な社会制度によって公正さを実現すべきだという理念だったのです。それゆえ「持続的開発は、まさに政治的意思にかかっている」(WCED 1987: 訳29) と述べられています。

「開発」概念は「持続可能な開発」となることによって、社会制度や生活スタイルを変革することを意味し、さらにはそれを支える人間の価値観や倫理観の変革を要求する概念となったのです。ブルントラント報告書はその第12章で、「国内・国際レベルにおける行動に関し、われわれが共有する惑星上の人々の活動と生命を維持するために必要な新たな規範を定める」(同: 380) ことを提唱しています。この国際的な倫理規範は2000年にやっと『地球憲章』として実現されました (地球憲章委員会 2000)。

SDからESDへ

すでに1972年の「人間環境宣言」の中でも「環境問題についての若い世代と成人に対する教育」の必要性に言及されていましたが、「持続可能な開発」のために教育が重要であると明言されたのは1992年にブラジルのリオデジャネイロで開催された「国連環境開発会議」(通称: 地球サミット、リオ・サミット) においてでした。この会議には世界から115カ国の元首または首脳を含む181カ国の代表が参加しました。そこで「環境と開発に関するリオ宣言」が採択され、同時に持続可能な開発に向けた行動指針である「アジェンダ21」も成果文書として採択されました。

「アジェンダ21」そのものは、格差、貧困、飢餓、病気、そして地球環境破壊などが進行する現状に対して持続可能な開発の実現とその

ための意識改革を国際社会が協力して行うための具体的な行動計画を全40章にわたって述べています。その第36章において教育、意識啓発 (public awareness)、訓練の重要性が次のように説かれています。

> 「公教育、意識啓発、訓練を含む教育は、人間や社会がその潜在能力を最大限に発揮できるためのプロセスであると認識されるべきである。教育は、持続可能な開発を促進し、人々が環境や開発の問題に対処するための能力を高めるために不可欠である。」(United Nations 1992: ch. 36)

ここで注目すべきなのは、「教育」が広くとらえられており、公教育の場に留まらず、政府機関やNGOやマスメディアや文化施設などを通して広く一般市民に対して持続可能な開発への関心を高めること（意識啓発）、さらには労働の場における訓練や研修のなかでも同様の努力をすべきだ（訓練）と述べられていることです。このような広い意味での教育の概念は、公教育、インフォーマル教育、ノンフォーマル教育のすべてがESDに関わるという形で、のちの国連の文書に引き継がれてゆきます。このように持続可能な開発のための教育は単に公教育に関わるだけでなく、広く市民全体の教育・自己啓発であり、市民が持続可能な開発のための社会制度改革を行える判断主体となることがめざされています。また公教育そのものに関しても、既存教育の再構築 (reorientation) が要請されています。

本稿の冒頭で述べた観点、つまりESDとは大学における研究・教育の改革であるという観点からすると、この既存教育の再構築ということが重要になります。この点については、リオの地球サミットから5年後の1997年12月にギリシャのテサロニキで開催された「環境と社会に関する国際会議：持続可能性のための教育と意識啓発」会議の宣言文がもっと明確に述べています。このテサロニキ宣言は、「持続可能性という概念は、環境だけではなく、貧困、人口、健康、食糧の確保、民主主義、人権、平和をも包含するものである。最終的には、持続可能

性は道徳的・倫理的規範」であると、述べたうえで、

> 「人文科学、社会科学を含むあらゆる教科領域（subject areas）が、環境と持続可能な開発に関わる諸問題を扱うことが必要とされている。持続可能性を扱うことは、全体的で学際的なアプローチ、つまり個々の独自性を確保した上で多様な学問分野（disciplines）や制度を一つに集めるようなアプローチを必要とする。」（UNESCO 1997: §12）

と表明しています。持続可能な開発という問題に取り組むことは、現代の環境、経済、社会すべてにかかわる問題に取り組むことであり、その根底にあるわれわれの道徳的・倫理的規範を問い直すことであるため、個別的な教科や学問分野の枠内にとどまることはできないのです。持続可能な開発という理念に大学が向き合うということは、大学における研究・教育が従来の専門分野の枠を自ら乗り越え、現代社会の持続不可能性に直面することで、あらためて何ができるのかを自ら問い直すことだと言えます。

その後、2002年8月に南アフリカ共和国のヨハネスブルグで開催された「国連・持続可能な開発に関する世界首脳会議」（ヨハネスブルグ・サミット）において、日本政府と日本のNGOによって「ESDの10年（DESD: Decade of ESD）」が提案され、12月の第57回国連総会でDESDを2005年から2014年まで実施することが決議されました。2005年には「DESD国際実施計画」が策定され、これにしたがって世界各国で様々な努力がなされてきました。2014年11月10日から12日にかけて愛知県名古屋市の名古屋国際会議場において、「ESDの10年」を総括する「ESDユネスコ世界会議あいち・なごや」が開催されます。この会議に向けて私たちは、「DESD国際実施計画」に述べられた次のようなDESDのビジョンに照らして、大学における教育・研究を変革する意志をもつか否かを自らに問わなければならないでしょう。

「DESDの基本的なビジョンは、誰にとっても教育から恩恵を受け

る機会があり、そして、持続可能な未来（a sustainable future）の構築と、現実的な社会転換（positive social transformation）のために必要な価値観や行動、ライフスタイルを学習する機会がある世界である。」（ユネスコ 2005: 174）

参考資料（参考 URL への最終アクセス：2013 年 7 月 20 日）

Carson, Rachel（1994=1962）*Silent spring*, Boston, Houghton Mifflin（カーソン，レイチェル（2001）『沈黙の春』青樹簗一訳、新潮社）

IUCN/ UNEP/ WWF（1980）'World Conservation Strategy: Living Resource Conservation for Sustainable Development', http://data.iucn.org/dbtw-wpd/html/WCS-004/cover.html

United Nations（1972）'DECLARATION OF THE UNITED NATIONS CONFERENCE ON THE HUMAN ENVIRONMENT', in:http://www.unep.org/Documents.Multilingual/Default.asp?DocumentID=97&ArticleID=1503&l=en　（国連（1972）『人間環境宣言』環境省訳、in: http://www.env.go.jp/council/21kankyo-k/y210-02/ref_03.pdf）

United Nations（1992）'Agenda 21', in: http://www.un.org/esa/sustdev/documents/agenda21/english/Agenda21.pdf

UNESCO（1997）'The Declaration of Thessaloniki', in:http://portal.unesco.org/education/en/ev.php-URL_ID=23929&URL_DO=DO_TOPIC&URL_SECTION=201.html

World Commission on Environment and Development（WCED）/ Gro Harlem Brundtland（1987）*Report of the World Commission on Environment and Development: Our Common Future, From One Earth to One World*（環境と開発に関する世界委員会（1987）『地球の未来を守るために』大来佐武郎監修／環境庁国際環境問題研究会訳、福武書店）

地球憲章委員会・地球憲章審議会（2000）「地球憲章」、in: http://www.earthcharterinaction.org/invent/images/uploads/japanese.pdf

デイリー，ハーマン・E（1996=2005）『持続可能な発展の経済学』新田功／蔵本忍／蔵森正之訳、みすず書房

ユネスコ（2005=2009）「DESD 国際実施計画（DESD-IIS）」佐藤真久／阿部治訳、所収＝佐藤真久（2009）「平成 21 年度 横浜市業務委託調査「持続可能な開発のための教育（ESD）」の国際的動向に関する調査研究」、p.173-192。http://www.yc.tcu.ac.jp/~sato-laboratory/files/3-5-2.pdf

吉川まみ（2012）「開発と教育の歴史的変遷と ESD」、所収＝佐藤真久／阿部治 [編著]（2012）『持続可能な開発のための教育　ESD 入門』筑波書房、第 9 章

ローマ・クラブ（Meadows, D.H. et al.）（1972）『成長の限界』大来佐武郎監訳、ダイヤモンド社

ワケナゲル，マティース／リース，ウィリアム（1996=2004）『エコロジカル・フットプリント―地球環境保持のための実践プランニング・ツール』和田喜彦監訳／池田真理訳、合同出版

第1部 報 告 ―パネリストからフロアへ―

1. 名古屋市立大学人文社会学部 ESDへの歩み

成　玖美（専門：社会教育学）

なぜ、私が、今ここでお話するのかと言いますと、ESDをこの大学に紹介したのが私だという背景があるからだと理解しています。名古屋市立大学（以下、名市大）で、多分、誰もESDを知らなかった時代に、ESDはこれから名市大にとって重要なキーワードになるのではないかという直感がありました。

名市大 ESD 研究会の始まり

　名市大人文社会学部におけるESDの始まりは、2007年のことです。既に「ESDの10年」が始まって3年経っていました。

　この大学の中で特別研究奨励費という、競争的な研究資金があります。それに私が研究代表者として、「名古屋市立大学におけるESD推進に向けた基礎的研究」というテーマで応募したところから始まりました。この名市大の中でESDができるのかどうか、何も分からない状態でしたが、探索的にやってみようという、そういう研究会でした。

　研究分担者は、人間文化研究科（人文社会学部）だけではなくて、同じキャンパスにありますシステム自然科学研究科の先生方、そして経済学研究科の先生方、それからちょっとキャンパスは離れていますが芸術工学研究科の先生方がいらっしゃいました。人文社会学部の中では、若手の、当時講師や准教授だった先生方を中心に研究会を組織し

ました。

　振り返ると、当時は本当に若かったと自分でも思います。違う研究科の先生にアプローチをして、「一緒に研究会やりませんか」というのは、実はとても大変なことでした。ちょっと入試で顔を合わせたことがあるとか、研究活動プロフィールを見てESDに関係しそうだなというような先生を探して、飛び込み営業のような形で「一緒にやりませんか」というお誘いをしたことを思い出します。そうやって部局横断組織をつくりまして、通称「名市大ESD研究会」という名前で活動を始めました。

　どうしてこういうことを始めようと思ったかという背景ですが、当時の名古屋市の松原市長が環境問題への取り組みに非常に力を入れていらして、「環境首都名古屋」を目指していました。そこから、名市大の教育研究の重点テーマとしまして「健康福祉」－これはうちに医・薬・看護学部がありますので伝統的・実質的に非常に強いところですけれども－と並びまして、「環境」についてもやりなさいということが、名市大に対して、いわば上から降ってきたわけです。

　ところが現実には、うちには農学部もない、工学部もない、名古屋大学のように環境学うんぬんというような研究科もないということで、実は環境を核にしにくい部局構成でしたし、今でもそうだと思います。

　一方、私は自分の所属している日本社会教育学会という学会で、今、国連がESDの10年というのを始めているということを聞いていたわけです。当時これについて研究をしていらっしゃったのは、環境教育や開発教育の先生方が中心だったのですが、よくよく話を聞いてみると人権や平和や多文化－私はもともと多文化共生をテーマにしている人間ですが－、ジェンダー、まちづくりなど、いろんな分野の共同的・学際的な教育運動であることを知りました。さらにはその中で環境的公正と、経済的公正と、社会的公正という3つの視点があり、この3つの柱をすべて並び立たせることによって持続可能な社会が実現でき

るのだという、そういう趣旨だということを聞きました。
　この環境、経済、社会という3つは、名市大の滝子キャンパスになぞらえれば、環境は自然科学研究科、経済は経済学部／経済学研究科、社会がうちの人文社会学部／人間文化研究科というふうに、うまくリンクしているなという感触をもちました。また、環境という問題設定をもっと広げて、名市大らしい環境問題へのアプローチが可能ではないかという直感がありました。それで、私が名市大研究会を始めたということになります。

名市大 ESD 研究会の活動
　1年目は、まず研究会の中でもESDって何なのかということをまだ皆さん誰も分かっていない状況でしたので、定例研究会をしたり、学外のフォーラムに参加したりしてESDについての理解を深めました。それから2つ目には地域貢献という形で、なごや環境大学に講座を3つ出講しました。さらには学内アピールということで、当時の教育担当理事の先生にもお声掛けをして、政治的な戦略を基にワークショップを開催したこともありました。既に学内にいろんなESDにつながるような資源があるのではないか、例えばそれぞれの先生が、ゼミの活動であったり、研究会の活動だったり、課外の活動などでいろんなことをやっている。そういったものを一度共有することによって、名市大の中でもESDの最初の基礎をつくれるのではないかと、そういうねらいがありました。
　翌年もまた同じ特別研究奨励費に応募しまして、この年からは4つのプロジェクトを試行する形になりました。これはそれぞれの先生方の専門に引き付けて「子どもまちづくりプロジェクト」、「フェアトレードプロジェクト」、「農山村プロジェクト」――これは実質的に豊根村との連携でした――、それから「平和プロジェクト」の4つでした。(図1参照) これらそれぞれのプロジェクトに学生さんにも参加してもらって

1．名古屋市立大学人文社会学部　ESD への歩み

図1：名市大 ESD 研究会のプロジェクト
(2008 年「メッセ・ナゴヤ」掲示ポスター、作成：筆者)

第1部　報告

ESDを試行的に実践してみました。それから、その後学生にも原稿を書いてもらったり、あるいは学生にインタビューをしたりして、こういうものが学生にどういう学びを与えることになるのかということを検証するというのが2年目の活動でした。

　それぞれのプロジェクトは現在終了していますが、それぞれの形態で継続しています。最初の「子どもまちづくりプロジェクト」は、もともと金山にあります名古屋都市センターが主催して「だがねランド」というものをやっていたんですね。これは芸術工学研究科の鈴木賢一先生のゼミを中心にやっていたものです。今、日本各地で、いわゆる「子どものまち」という実践があります。子どもたちが擬似的な「まち」の中で職業体験をしたり、お買い物ごっこのような形で消費活動を体験したりという中で、大人ではなくて、子ども中心にまちを運営していきます。それからその中で町長選挙をやったり議会をやったりして、自治というものも学んでいくという、そういう取り組みです。「だがねランド」は、それの名古屋都市センター版ですね。これは今でも鈴木先生のゼミを中心に発展継続中です。
　それから2つめの「フェアトレードプロジェクト」は、学生のサークルにフェアトレードを中心にやっている「でら☆FT」というサークルがありまして、そこの学生を中心に、一緒にフェアトレードについて実践的に学ぶというプロジェクトでした。このサークルは今でも継続して活動しています。
　3つめの豊根村との交流をしていた「農山村プロジェクト」は、今は研究者個人レベルの接触ということで、継続的な形としては残っていないと思います。
　4つめの「平和プロジェクト」が、この研究会の中で最も発展したものだというふうに私は理解しています。このプロジェクトの先生方でその後、教養教育に「平和論」という授業を立ち上げたり、「ピースあ

いち」という施設が地域にできる中で、中心的に活動する学生サークルができたりしています。

名市大 ESD 研究会の成果

　実はこの名市大ESD研究会が濃密に活動していたのはこの2年間だけなのです。この後私が1人目の子の出産ということで産休・育休に入ったこともありまして、この研究会自体は発展的な解消をしております。

　ただこの2年間の成果を幾つか挙げることができるとすれば、第一に、この2年間にESDの認知度が少なくとも人文社会学部の中でかなり上がったのではないかと思っています。（とはいえ、いつまでたっても「ESDだかSEDだか何だか」という感じで、正確に「ESD」と言える先生はまだこの2年間では少なかったのですが。）

　それから、第二に、そもそもの私の問題意識であった、この環境問題というものを理系の先生方ではなくて、文系の人間たちがどう捉えてアプローチしていくのかという問題について、環境問題を人間の暮らしとか文化の豊かさというものと結んで捉えるという、人文社会学部的なアプローチの可能性への気付きというものがあったと思います。このイメージは、この研究会に参加していただいた若手の先生方だけではなくて、より年長の、実質的に学内でいろんな力を持っていらっしゃる先生方にも波及して、このESDを人文社会学部でやれるのではないかという意識を持っていただけるようになりました。それが今に続いてきているのではないかと思います。

　それから第三には、研究会のメンバーが課題をそれぞれに引き取ってご自身の教育研究活動に活かしていただいているということです。先ほども言いましたが、平和教育については非常に拡大・発展しております。それから名古屋市立博物館との連携は、当時はまだなかったのですが、ここ数年の間に非常に実質的な連携が取れるようになりま

して、学生サークルもできました。それから海外語学研修の充実という面もあります。単に語学スクールに行く研修ではありません。具体的には中国とフランスを対象に、それぞれの国のフィールドワークも兼ねた形での語学研修をしています。これも非常に充実したもので、報告書も質の高いものが出ていると思います。そして国内フィールドワークの充実です。こちらもメンバーに入っていただいた先生が－もともとご自身のライフワークでもあったのですが－学生さんを日本の各地に連れて行って聞き書きをして、それをきちんとした冊子にまとめるという実践を着実に実現されています。これ以外にも、研究会に所属してくれた先生方が、いろんな形でご自身の教育研究を発展させていらっしゃって、たとえESDとは銘打っていなくても、実質的なESDの厚みができていると感じます。

　それから最後に、人文社会学部再編のキーワードとしてESDを採用する動きが、この後、人文社会学部の中で濃密になっていったことです。この研究会自体は発展的解消をしたのですが、当時人文社会学部を再編しよう、あるいはしなきゃいけないという外圧もあり、学部の激動の時代がありました。そのときに人文社会学部の将来計画において、このESDを採用していこうじゃないかという議論に引き継がれていくことになりました。

見えてきたESDの課題

　当時くすぶっていた課題を、挙げておこうと思います。

　まず、SD（持続可能な開発）ということ自体はいろんな分野の研究者レベルで議論されていましたけれども、だからこそ、ESDをやろうというふうに楽観的には言えなくて、SD概念も疑うべきだという、SD批判がありました。SDという概念は、政治的妥協の産物だし、そんな楽観的に言っていられないという、研究者らしい批判があったわけです。

　それから2つ目に、「SD研究」と言うと大学の先生方はよく分かるの

ですが、ESD、つまり「SDに向けた教育」をするんだと言うと、途端に分からなくなる、という状況がありました。

つまり先生方は、今SDについてどんな議論がされているか、何が問題になっているかという、現状や研究成果を学生に伝達することはできます。しかし、それがイコールESDではありません。そういう成果を伝達された学生が「あ、そうなんですか」と理解することがESDではなくて、「学生自身がいろいろ体験し模索しながら、新しいSDというものを探し出していく、そういうプロセスがESDなのです」と、こういう話をすると途端に先生方が分からなくなるのです。ですから、大学教育のカリキュラムの中の手法として、ESDをどうやって人文社会学部の中で捉え直していくかということが、課題として認識されていました。

最後に、地域、つまり調査地とか連携機関と、大学とが、双方にメリットがあるようなウィン・ウィンの関係をどうやって築いていくかということも、この研究会の4つのプロジェクトを通して課題として認識されていました。「大学としてこういうESDをやりたいので、調査させてください、連携させてください」、といって地域に出掛けていくことは、地域にとって迷惑であるということも往々にしてあるわけで、どうやって信頼関係や双方のメリットを築いていくかということが難しいということです。それから、そうやって地域に出掛けていくと教員の負担が非常に増えます。最初は勢いがあってできたとしても、その後どう継続的・持続的に関係をつくっていくかということを考えていくと、やはりその教員の負担増というのがネックになってきます。こういった課題をクリアしていかないといけないというのが当時認識されていたことでした。

人文社会学部再編のキーワードへ

そうして、2008年からの人文社会学部の将来像に関する議論の中

第 1 部　報告

で、ESDを教育研究の柱とする案がつくられていきます。当時私も将来計画委員会のメンバーとして、いろいろペーパーをつくりました。ここに挙げた2つの図は2008年当時に私がつくった図ですが（図2参照）、今はこれより内容的にも概念整理もずっと洗練されています。それは次に別所先生の方でお話いただきます。

　2008年当時、人文社会学部の3つの学科の中で、人間科学科は人間（個人）、現代社会学科は地域、国際文化学科は地球グローバル社会について焦点を当てる。この縦の関係をつなげて見せていくのが人文社会学部の強みだということを、確認しました。また、この花びらの図は、もともとESD-Jという、日本全国でESDに取り組んでいるいろんな団体の連合体のNPO法人がつくったものですが、それをもとに、名市大人文社会学部では何ができるかということを、模式的に考えたものです。

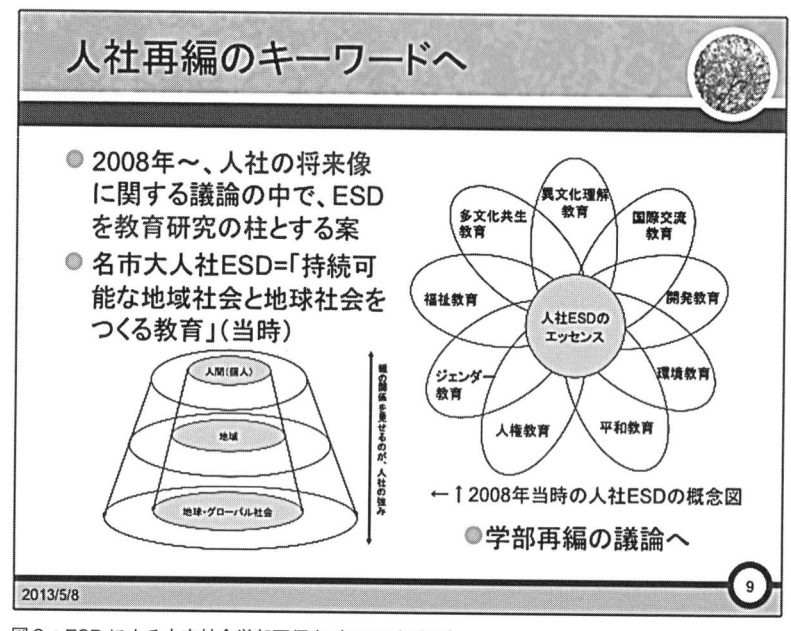

図2：ESDによる人文社会学部再編案（2008年当時）

当時はこういう、「何々教育」というものをただ羅列したに過ぎなかったのですが、この後のいろんな議論の中で、今日のこのシンポジウムのチラシにある図（本書裏表紙の図参照）のように、3つの学科でそれぞれの教育研究のキーワードに落とし込む形で、さらに洗練されたものになっていきました。

　この後どうやって洗練された議論になっていくかというところは別所先生に引き続きお話をいただきたいと思います。私からは以上です。失礼いたしました。

参考資料
なごや環境大学　http://www.n-kd.jp/　最終アクセス：2013年7月27日
だがねランド（名古屋都市センター）　http://www.daganeland.com/　最終アクセス：2013年7月27日
名古屋市博物館　http://www.museum.city.nagoya.jp/index.html　最終アクセス：2013年7月27日
NPO法人ESD-J　http://www.esd-j.org/　最終アクセス：2013年7月27日

2. 人文社会学部がなぜESDなのか？

別所 良美（専門：現代思想）

Well-being から ESD へ

　人文社会学部の学部長を務めている別所といいます。人文社会学部の将来計画委員会にも長く関わり、その中で学部改革についていろいろ議論をしてきた人間です。

　先ほどの成先生のご報告にあったように、「名市大ESD研究会」の活動とその成果を人文社会学部の改革案に取り入れることになったのですが、それが可能となったのは、成先生が言われたように、〈環境問題に対する人文社会学部的なアプローチの可能性への気付き〉だったと思います。言い換えますと、これまでの人文社会学部で行われてきた教育と研究は実は1つのESDだったと見なせるのではないかということです。このような気づきから、人文社会学部将来計画委員会は、2008年9月の「人社の方向性に関する案」の中で、学部の将来の方向性をESDの考え方に立脚する「持続可能な地域社会と地球社会をつくる教育」としました。

　そうすると次の課題となるは、これまでの「Well-being」という学部の理念に「ESD」という考えを組み入れることが何を意味し、どんな改革をもたらすかを、われわれ教員が理解し、その上で個々の教員が各専門分野でESDの実践、具体的な教育を行うことになると思います。

　ところで、Well-beingからESDへという理念改革の内容についてお話しする前に、人文社会学部が長年にわたって負ってきた外圧というか、改革課題についてまずお話ししておきたいと思います。

2. 人文社会学部がなぜESDなのか？

　人文社会学部は、その前身である名古屋市立保育短期大学と名古屋市立女子短期大学、そして名古屋市立大学の教養部が改組統合され、人間科学科、現代社会学科、国際文化学科という3学科構成で1996年4月に発足しました。発足以来の学部理念は「Well-being」つまり「豊かで人間らしい生き方」というもので、それを人文社会学的な知識によって探求し実現してゆこうというものでした。この新学部発足は90年代の大学改革の潮流の中での発足であり、大学の社会的責任や社会的有用性が問われ続けてきました。しかし社会一般のイメージでは、いわゆる人文社会系学問の社会的有用性となるとなかなか分かり難いものがあります。人文社会学部について言いますと、人間科学科で保育士や社会福祉士を養成し、心理学を教えているということや、国際文化学科では英語を教えているというのは、何となく社会に役立つ人間を育てているというので、まだ分かり易いと思われます。しかしこの学部で、哲学、文学、言語学、歴史学、社会学、政治学といった多様な専門の教員が学際的な教育研究を行っているということの社会的有用性となると簡単には説明できません。人文社会学部は発足以来、「何の役に立つの、市民にはどんなメリットがあるの、市民の税金を使って何になるの？」と常に問われ続けてきたのだと思います。いわゆる「実学」ではない人文社会科学の社会的有用性を一般に分かり易く説明することが人文社会学部の課題でした。

　人文社会学部の改革案を考えあぐねていた時に、ESDという言葉に飛びついたのは、これが社会的に分かり易いからだということでした。つまり、社会が持続可能な発展（SD）を続けるための教育を人文社会学部は行っています、「人文社会学部は、《持続可能な社会》をつくるのに役立ちます」ということです。それでは、人文社会学部のキーワードを「Well-being」から「ESD of well-being」に変更したことで、何が分かり易くなったのか、そして新しいキーワードが何を意味するかをこれから私なりに説明してゆきたいと思います。

ESD概念の分かり難さ

　ところで、「ESD」が分かり易い言葉であるというと不思議に思われるかもしれません。実際、私自身も2008年に初めてこの用語を聞いたときはよくわかりませんでした。しかしSD（Sustainable Development）すなわち持続可能な開発・発展という言葉は、「エコ」という言葉ほどではないにしても、よく知られていました。またそれは国連が推進するプロジェクトであり、いわば国際的なお墨付きが付いた有望なキーワードでした。さらに重要なことは、2014年11月に「ESDの10年」プロジェクトの最終年国際会議がおそらく名古屋で開催されるだろうと言われていました。これはやはり非常に大きなインパクトをもつ出来事で、それに積極的に貢献できる学部が人文社会学部だということになれば、この学部の社会的評価も上がるだろうと思われました。

　学部の改革を、流行や国際的権威やイベント主義といった非学問的観点から行うなど、大学人としては不見識極まりないと言われるかもしれませんが、このような考慮も必要だと私は思っています。

　むしろ問題なのは、このような流行や権威に頼った「分かり易さ」にもかかわらず、相変わらずESD概念そのものは分かり難いということです。この分かり難さを解きほぐし、それを人文社会学部のこれまでの理念「Well-being」と内的に関連付けるにはどうすれば良いのかを私たちはいろいろ考えてきました。

　成先生のお話の中に、同僚の先生方は「SD研究」というとよく分かるのに、SDに向けた教育、つまり「ESD」となると途端にわからなくなるということがありました。確かにそうなのだと思います。しかし「SD研究」なら分かり易いとはどういうことなのでしょう。持続可能な発展のためにはこれこれのことをすればよいと研究者が解答を出すことが「SD研究」だとすれば、その解答を学生に理解させ、実行させるのがSDを教える教育、つまりESDであって特に分かり難いところはありません。しかし持続可能な発展についての正しい解答など出せな

いのだと私は考えています。持続可能な発展とは答えの出せない課題・挑戦だと考えた方が良いのではないでしょうか。そのためにSD概念は分かり難いのであり、結果としてESDも分かり難いということなのだと思います。

　SD概念が分かり難いのは、「持続可能な発展」ということが内部に対立や矛盾をはらんだ概念だからだと私は思います。この概念は1972年のストックホルム・国連人間環境会議を受け、1980年の「世界環境保全戦略」で提起されたものです。ストックホルム会議そのものが対立と矛盾をはらんでいました。一方の先進国は、科学技術の発達と経済発展が豊かさをもたらしたけれども、同時に環境破壊をもたらしたことに気づき、自然保護を進めねばならないと主張しました。ところが他方の発展途上国には、これから豊かになるために発展が必要なのに、開発を止めて自然を守れとはどういうことなのかという思いがありました。低開発なために焼畑をして自然を破壊しなければならないのであり、低開発が環境破壊の原因だ、といったさまざまな議論がありました。自然保護と自然利用、持続可能性と経済開発との対立は、国際社会においては豊かな先進国と貧しい開発途上国との対立として現れています。しかしこの対立はもっと複雑であり、先進国の内部でも現れています。先進国内でも公害問題や異常気象や自然災害が起こると環境保護が唱えられるのですが、被害の記憶はすぐに薄れてしまいます。そして少し不景気になり、失業率が高まると、一転して経済発展の必要性が叫ばれ、環境問題は簡単に忘れ去られます。東日本大震災後の日本の状況を振り返れば明らかでしょう。「持続可能な発展」とは、環境と開発・発展との対立・矛盾が解消されるべきであるという要請であり、希望を表明する言葉に過ぎないのです。1972年以降も国際社会はさまざまな努力をしてきましたが、実際の世界は「持続不可能な開発・発展」を進めていて、「持続不可能性」はますます悪化しているように思えます。「持続可能な発展」がはらむ対立・矛盾は現実

社会の中ではずっと解消困難なままでした。その現実的な困難さがSD概念を分かり難くしている深い原因なのだと私は思います。

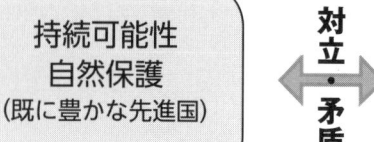

図1：先進国と開発途上国の対立・矛盾

価値観の転換としてのESD

　私の理解するところでは、「持続可能な発展」がはらむ矛盾・対立をどうしたら克服できるのかということで、ESDという考えが出てきたのだと思います。1992年にブラジルのリオデジャネイロで開かれた地球サミットでは「アジェンダ21」という行動計画書が作成されました。その中では教育の重要性が強調されています。そのことが意味するのは、「持続可能な発展」が可能になるには、価値観の転換を促す広範な教育が必要だということです。確かに「持続可能な発展」を実現するには、環境にやさしい技術が新たに生み出されなければなりません。しかし環境にやさしい技術を私たちの社会が採用・推進するためには、少し高額でも環境にやさしい製品を人々が購入したり、自然エネルギーへの転換を行うための税負担を国民が引き受けたりするといった意識改革が必要となります。単なる物質的・金銭的豊かさを越えた豊かさを求める新しい価値観を個人が、地域社会が、そして地球社会が共有することが必要なのです。ESDの「E=教育」とは、持続可能な開発を可能にするために、人々の価値観を変革することを意味します。それが幼児を含む青少年の教育を含むことはもちろんですが、人々が自分たちの地域社会を見直し、さらには、私たちの豊かな生活を支えている国際的な物的・人的・文化的交流の在り方を具体的に問い直すこと

にも広がらざるをえません。これらの知的作業はまさに人文社会学部がこれまで「Well-being 豊かで人間らしい生き方」として探求してきたものなのです。

さてここで、「持続可能な発展」のためには、新しい技術だけではなく、新しい倫理が必要とされていることに関して、元アメリカ副大統領のアル・ゴアの言葉を思い起こしてみたいと思います。

アル・ゴアの訴えたもの

アル・ゴア氏は、1993年から2000年までクリントン大統領のもとで副大統領を務め、環境問題、とりわけ地球温暖化に関する京都議定書にも積極的に関与した人物です。残念ながら2000年末の大統領選挙では民主党の大統領候補として選挙戦を戦いながらも、悔いの残る形でブッシュに敗れてしまいました。ここではアル・ゴア氏が2006年に出版した『不都合な真実』からの言葉を思い起こしたいと思います。そこで彼は次のように訴えています。

「温暖化は、科学だけの問題ではない。政治だけの問題でもない」。
「これは実は、倫理の問題なのである。」（ゴア 2006=2007：10）
「未来世代が私たちにこう尋ねているところを想像してみてほしい。『あなたたちは何を考えていたの？　私たちのことを心配してくれなかったの？　自分のことしか考えていなかったから、地球環境の破壊を止められなかったの?—とめようとしなかったの?』
私たちの答えは、どのようなものになるのだろう？」（同：11）

さらにアル・ゴアは、《倫理は国境や世代を超えるだけでなく、人間と自然との境界も越えなければならない》と呼びかけ、一種のディープ・エコロジーの思想を主張しています。

「人間と自然界との関係は、「われわれ」と「それ」の間の関係ではない。それはすべて"私たち"であって、「われわれ」はその一部なのである。」（同：160）

人間と自然との境界も越えるような倫理観を持たなければ、自然との共生や持続可能な社会の実現はできないというアル・ゴアの要求は厳しいものです。これまで人文社会学部が掲げていた「人間らしい豊かさ」という言葉にはまだ何らかの「人間中心主義」が残っていたかもしれません。しかし人文社会科学的な知の伝統の中には、この要求に応えるような知的遺産が存在すると思います。

新しい人文社会学部が目指すもの
　人文社会学部が「Well-being」に加えて「ESD」をキーワードとして加えることの意味を図示すると、図2のようになると思います。
　近代的な世界の中では、倫理と技術というものがなかなか調和しませんでした。倫理では環境にやさしい技術や生活様式が大事だとされ：

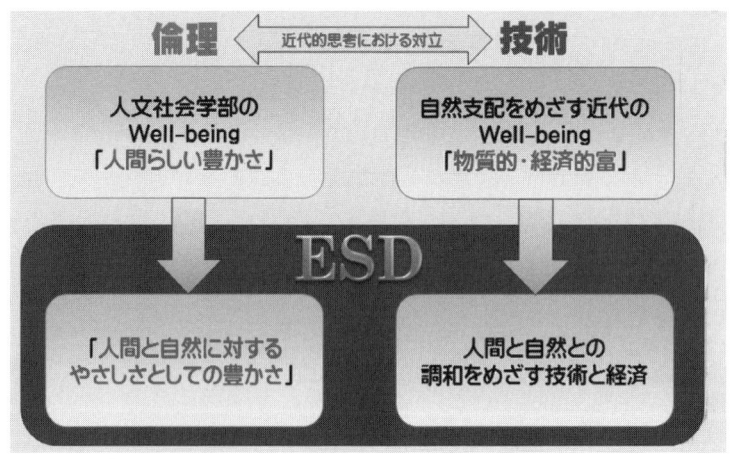

図2：ESDによる倫理と技術の対立の克服

ながらも、経済がちょっと落ち込んで、失業者が増えると、経済発展が必要だ、もっと多くのモノを生産し消費するために技術開発が必要だということになっていました。この対立の両極を右往左往しながら人間は生きてきたわけです。しかし今や人間は、この対立を本当に克服するような倫理と技術との関係を見つけ出さなければならない限界点に近づきつつあるのでしょう。この対立を克服するための新たな価値観を、個人、地域社会、国際社会のあらゆるレベルで、私たちが協働して見出すための作業こそ、ESDという言葉が言い表そうとしていることではないでしょうか。

　本日講演者としてお招きしている立教大学の阿部治先生は、NPO法人「持続可能な開発のための教育の10年」推進会議（ESD-J）の代表理事でもあるのですが、そのホームページ（http://www.esd-j.org）では、「持続可能な開発」が次のように説明されています。

> 「「持続可能な開発」は、民主的で誰もが参加できる社会制度と、社会や環境への影響を考慮した経済制度を保障し、個々の文化の独自性を尊重しながら、人権の擁護、平和の構築、異文化理解の推進、健康の増進、自然資源の維持、災害の防止、貧困の軽減、企業責任の促進などを通じて、公正で豊かな未来を創る営みです。」

　このなかで傍点を付けた諸点は、これまでも人文社会学部が教育の重点と考えて実践してきたところです。つまり、人文社会学部にとって、「人間らしい豊かさ」を求める教育は、既に潜在的には、ESD（豊かで人間らしい生き方のための持続可能な地域社会と地球社会をつくる教育）だったのです。2013年4月から始まる人文社会学部の新しい教育研究体制は、いわば潜在的にESDであったものを、教員構成やカリキュラム構成を大胆に組み替えて、顕在的なESDとすることをめざすものです。

第1部　報告

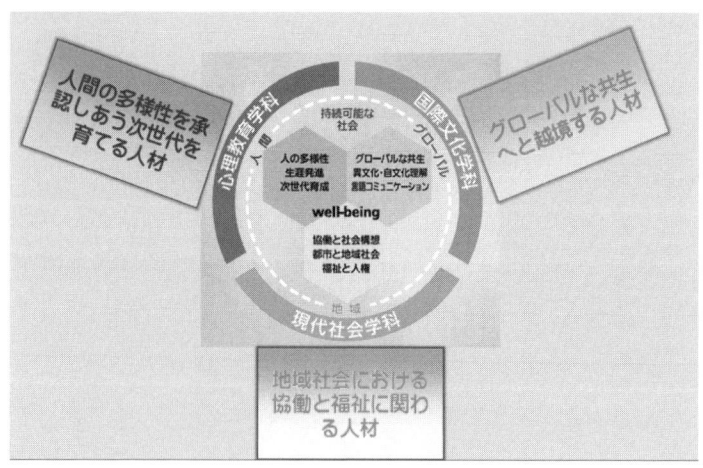

図3：名古屋市立大学人文社会学部の学科構成とキーワード

　特に今回のカリキュラムの改変において中心となるのは基礎科目に配置した9つのESD科目です。1年次から履修するこれらの基礎科目で、具体的なESD教育が行われ、学生さんたちが「持続可能な社会」をつくるために人文社会学部が存在しているのだということを分かってもらえるようにするために、担当の教員の方々には現在知恵を絞っていただいています。

　ESD科目としての実を上げるために、「脱・知識伝達型教育」「PBL（課題解決型学習）」「地域社会での課題の気づき」「グローバルに考え、ローカルに行動」という点に留意して、「新たな地域連携型教育」を作り上げてゆこうとしています。

　とはいえ、実際にESDを行うことは人文社会学部の教員にとって大きなチャレンジです。

新たな地域連携型教育
- 脱・知識伝達型教育
- PBL（課題解決型学習）
- 地域社会での課題の気づき
- グローバルに考え、ローカルに行動

図4：新たな地域連携型教育のキーワード

2. 人文社会学部がなぜESDなのか？

カリキュラム構成

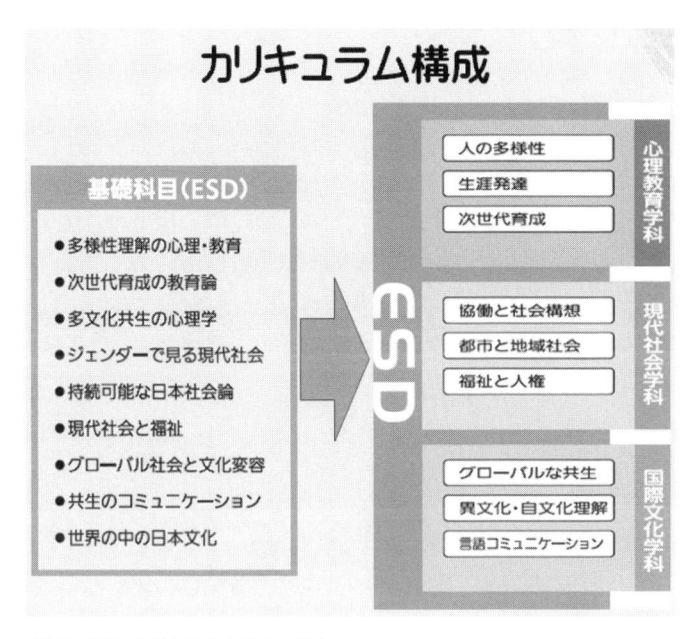

基礎科目（ESD）
- 多様性理解の心理・教育
- 次世代育成の教育論
- 多文化共生の心理学
- ジェンダーで見る現代社会
- 持続可能な日本社会論
- 現代社会と福祉
- グローバル社会と文化変容
- 共生のコミュニケーション
- 世界の中の日本文化

→ ESD

心理教育学科
- 人の多様性
- 生涯発達
- 次世代育成

現代社会学科
- 協働と社会構想
- 都市と地域社会
- 福祉と人権

国際文化学科
- グローバルな共生
- 異文化・自文化理解
- 言語コミュニケーション

図5：ESDを柱としたカリキュラム

それは戸惑いながらの試行錯誤になると思います。先にも言いましたように、SD（持続可能な発展）とは答えの出せない課題・挑戦であり、だからこそ、学生とともに、また地域の人々ともにこの課題に挑戦する人間の輪を広げてゆく営みがESDに他ならないのだと思います。

このシンポジウムを契機として、各地域で行われてきたESDの経験から学び、われわれも中部地域でのESD推進に加わり、2014年の最終年会合に何らかの貢献をしたいと思います。

参考資料
ゴア，アル（2006=2007）『不都合な真実』枝廣淳子訳、ランダムハウス講談社

コラム 1

教養教育における ESD

吉田一彦（専門：日本古代史・日本仏教史）

　全学生が学部の枠を超えてともに学ぶ教養教育は、各大学の個性がよくあらわれる、大学教育の顔です。名古屋市立大学では、第二期中期目標・中期計画（2012-2017 年度）の実施にあたり、教養教育の新しいカリキュラム（以下「新カリ」と略記する）を策定し、2012 年度からこれを実施しています。

　名古屋市立大学は、第二期中期目標において、「持続可能な共生社会」を形成することを今日の人類社会の共通の課題だとし、「健康と福祉の向上」「次世代育成支援」「地球環境の保全と社会環境の整備」に関わる教育研究課題に積極的・重点的に取組んでいくことを謳っています。教養教育では、これをうけて、これらの課題に関わる科目を学生に積極的・重点的に学ばせ、地域社会および国際社会に貢献することができる人材を育成することを《教養教育の教育目標》として掲げ、カリキュラムを再構築してきました。

　名古屋市立大学の教養教育科目は、「一般教養科目」「外国語科目」「情報科目」「健康・スポーツ科目」「ボランティア科目」の共通科目、および「基礎科目」から構成されています。このうち「一般教養科目」は、「大学特色科目」「現代社会の諸相」「文化と人間性の探求」「人間と自然」「自然と数理の探求」の 5 つの下位区分からなっています（表 1 参照）。

　新カリでは、大学が重要課題として設定したテーマを学ぶ科目群を「課題を学ぶ関連科目群」として学生に提示して履修の参考にしています。そのうちの〈持続可能な共生社会の実現について学ぶ〉を表 2 に示したのでご参照ください。一読してお分かりいただけるように、これらの科目は、ESD の考え方を意識し、その考え方に学んで設置しているものが少なくなく、ESD の考え方を取り入れた教育の実践という性格を持っています。このカリキュラムは、将来の世代の利益を損なわないような社会の発展や、健康で文化的な生存の確立、そして環境の保全・整備など、ESD の考え方に基づいた科目が履修できるプログラムとして構築されています。

　これらの科目では、また、授業内容ばかりでなく授業方法という側面でも新

機軸を打ち出したものがあります。座学だけではなく学外に出て実習形式で学ぶ「学外実習」。地域の課題を地域の人々との協働の中で学ぶ地域参画型の学習。動植物園や水族館に足を運んで生物に触れながら学ぶ授業。地域の実業界のリーダーの方々、名古屋市環境科学調査センターの方々、日本弁理士会の方々などを招いて学ぶ授業。新カリは、こうした実践型の授業と、これまでの大学の研究蓄積に基づいて教室で学ぶ授業とをバランスよく組み合わせたカリキュラムを目指すものになっています。

　筆者は、2008-2009年度には、人文社会学部長（人間文化研究科長）としてESDの理念に基づいて学部教育を再編する方向性を構想し、2010-2013年度には、教養教育担当学長補佐としてESDの考え方を取り入れた教養教育カリキュラム再編に取り組んできました。学生たちには、こうした授業科目に正面から取組み、「持続可能な共生社会」を実現するための知を身につけ、それを実践する人材として社会で活躍してもらいたいと考えています。

教養教育科目の区分		
共通科目	一般教養科目	大学特色科目
^	^	現代社会の諸相
^	^	文化と人間性の探求
^	^	人間と自然
^	^	自然と数理の探求
^	外国語科目	英語 未修外国語
^	情報科目	
^	健康・スポーツ科目	
^	ボランティア科目	
基礎科目	物理学	
^	化学	
^	生物学	
^	自然科学実験	
^	数学・統計学	
^	医薬看連携早期体験学習	

表1：名古屋市立大学の教養教育科目の構成

課題	該当の科目
持続可能な共生社会の基盤	「特色科目4（持続可能な社会をつくる社会事業）」「特色科目7（省資源・省エネルギー型の社会を考える）」「特色科目14（ジェンダー入門）」「特色科目16（平和論）」「特色科目17（正義論）」「学外実習4（持続可能な社会：日本の都市近郊田園から考える）」「法学4（知的財産権入門）[日本弁理士会東海支部提供]」「現代社会1（名古屋市政から学ぶ地方自治の精神）」「文化の理解2（東海の歴史と文化）」「人間と自然12（ESDと環境）」などの23科目
健康と福祉の向上	「特色科目1（教養として知っておきたい様々な病気の実態）」「特色科目2（創薬と生命）」「特色科目15（共生社会におけるふれあいネットワーク）」「特色科目20（AIDSと向きあう社会）」「法学5（法とその精神）」「倫理学1（応用倫理学：生命倫理学の現在）」「人間と自然6（医学と社会）」「人間と自然7（くすりと社会）」「人間と自然8（都市の緑と自然）」「健康・スポーツ科学論（含演習）」「健康・スポーツ実技」「医薬看連携早期体験学習」などの15科目
次世代育成の支援	「特色科目5（ワーク・ライフ・バランス）」「特色科目6（次世代育成の課題）」「特色科目13（男女共同参画社会をめざして）」「特色科目18（キャリアデザイン）」「特色科目19（地域企業の国際化）」「学外実習1（暮らしを楽しむ山村合宿）」「社会学2（地域社会学）」「経営学1（企業と社会、個人の関係）」「政治学4（私たちにとって政治とは何か）」「心理学2（こころ・身体・環境のダイナミックス）」などの17科目
地球環境の保全と社会環境の整備発展	「特色科目3（環境と薬学）」「特色科目9（社会環境論）」「特色科目10（メディア環境論）」「特色科目11（植物の多様性と環境）」「現代社会2（情報社会とメディア）」「地理学1（都市と郊外の地理学）」「倫理学2(応用倫理学入門：環境保全の倫理学)」「人間と自然2（環境と制度・社会・政治・経済）」「人間と自然3、4（環境科学Ⅰ、Ⅱ）」「人間と自然5（環境と法律）」「自然と数理9（地球史入門）」「自然と数理10（地域生態学）」などの20科目
共通	ボランティア科目

表2：教養教育の「持続可能な共生社会の実現について学ぶ関連科目群」

3. 大学におけるESDの推進
―特に地域連携について―

阿部　治（専門：環境教育／ESD）

高等教育における ESD

　こんにちは。名古屋市立大学の取り組みは、非常にチャレンジなものだと思います。私は全国各地の大学をまわり、様々な情報を聞いておりますけれども、ESDで学科再編というのは、初めてだと思います。そういう意味で本当に、私どもも期待しております。

　ESD、これはSDにEを入れ込む、あるいはEにSDを入れ込むなど、いろいろな見方がありますが、その辺は先ほどお二人の先生から話があったので、省略します。またこのあと竹内先生の方から、中部の高等教育の取り組みのお話があります。

　私からは、高等教育／大学におけるESDの総論や役割についての話をします。そして、北海道から沖縄まで様々な事例がありますけれども、そこから幾つか選んで、ご紹介したいと思います。それではお話を進めていきます。

　高等教育におけるESDの取り組みについて、動きをまとめてみました。

　文科省は、2002年の国連ESDの10年の提案を受けて、「持続可能な社会につながる環境教育の推進」（2003 - 2009）を「現代的教育ニーズ取組支援プログラム（現代GP）（グッド・プラクティス）」として支援しました。42の大学がこの支援を受けています。

また、環境省は、「『国連持続可能な開発のための教育の10年』促進事業」(2006-2009)として地域に根ざしたESDを行う地域を支援しましたが、その中に幾つかの大学が入っていました。

　このあと竹内先生がご紹介されますが、「国連大学RCE（ESDに関する地域の拠点）」(2005 -)が、2005年から世界に100以上できています。そのうちの6拠点が日本にあります。この拠点の中心は大学です。

　それから、東京大学をはじめ、複数の大学が「サステイナビリティ学研究連携機構」(2005 -)を発足させています。これには非常に多額の資金が拠出されています。

　また、環境省が支援している高等教育におけるESDの地域ネットワークとして「ProSPER.NET (Promotion of Sustainability in Postgraduate Education and Research Network)」(2008 -)というものがあります。これはアジア太平洋地域の大学を結ぶネットワークです。

　環境省が支援しているものとしては他に、「環境人材育成コンソーシアム」(2011-)があります。これは、大学と行政・企業・NPOをつないでいく、つまり出口としてしっかりと先をつくっていこうという、そういう人材育成・活用の場です。

　それから「HESDフォーラム」(2007-)。HESDは「高等教育機関におけるESD」という意味です。HESDフォーラムは、7年前に私どもがつくった研究会で、HESDにかかわる関係者が、ESDの実践について成果を報告します。HESDフォーラムは、毎年開催されています。

　そしてユネスコスクール（ASPnet：Associated Schools Project）。ユネスコ設立時の理念である、平和、国際理解、多文化共生、環境などを、幼稚園から大学までの学校教育で具体化していこうという運動です。ユネスコスクールは世界中にあるのですが、日本では2002年頃は全国に20校ぐらいしかありませんでした。それで、文科省として、このユネスコスクールを通じてESDのモデル校をつくっていこうということになりました。文科省は当初、500校を目標としましたが、今はそれを

越えています。このユネスコスクールに加盟し、ESDをすすめている大学もあります。また、幼・小・中・高のユネスコスクールを支援する目的でユネスコスクール支援大学間ネットワーク（ASPUnivNet）も組織されています。

サスティナビリティに対する大学の責任

　今日は高等教育/大学のESDのお話をしますが、世界的な潮流として、大学が社会的責任としてサスティナビリティに取り組まなければいけない、という潮流が生まれてきています。これは、USR（University Social Responsibility；ユニバーシティ・ソーシャル・リスポンシビリティ）と言われています。その幾つかを紹介します。

　1つめは、2010年につくられた「ISO26000」。これは、あらゆるステークホルダーに社会的責任を求めるものです。日本ではCSR（企業の社会的責任）という言葉が知られていますが、CSRのCは事業体、企業が中心です。ところがSRは企業だけではなく、消費者も消費者団体も含めたあらゆるステークホルダーがサスティナビリティのために社会的責任を持っている、という考えです。これにしっかりコミットしなければいけない。

　社会的責任として具体的には、「組織の決定及び活動が社会及び環境に及ぼす影響についての責任」、「持続可能な社会への貢献についての責任」があります。そして、「マルチステークホルダー間のコミュニケーションがベース」でなければなりません。つまり大学で言えば、大学におけるマルチステークホルダーとは、学生、その授業料を負担している人たち、地域社会の人たちなどです。そういったステークホルダーとのダイアログを中心に進めていくのだということです。この「ISO26000」の中に、国連ESDの10年との連携が補足として明記されています。

　この「ISO26000」のテーマは、「コミュニティへの参画とコミュ

ニティの発展」、「人権」、「消費者課題」、「労働慣行」、「公正な事業慣行」、「環境」、「組織統治（ガバナンス）」、の7つです。「ガバナンス」が中心に位置しますけれども、相互に関連する統合的アプローチが必要だとしています。

　ですから大学は、サスティナビリティについてさらにしっかりと認識しなければいけません。認識するだけではなく、やはりコミットメントをしなければいけません。

　2つめに、「国連グローバル・コンパクト」。これは1999年の世界経済フォーラム（ダボス会議）で国連の当時のアナン国連事務総長が提案したものです。例えば昨年「リオ+20」がありましたけれども、300ほどの企業・事業体が、このグローバル・コンパクトの名の下にサイドイベントをしました。世界中に広がっており、日本ではまだ169団体ですが、ここに4つの大学も含まれています。「グローバル・コンパクト」には、「人権」「労働」「環境」「腐敗防止」の4分野10原則があります。

　3つめに、「国連アカデミック・インパクト」です。「グローバル・コンパクト」とどう違うのか、なかなかややこしい話ですが、これは現在の潘基文国連事務総長が、2009年に始めたものです。国内では16大学がこれに入っています。世界各国の高等教育機関同士の連携、また教育機関と国連との連携を促すものです。

　また、2000年に国連は「ミレニアム開発目標」を決議し、2015年までに、環境や感染症、あるいは教育といった8つの問題にあらゆる国連機関が取り組み、その問題を解決するとしました。しかし、なかなか2015年までに解決できないということで、昨年の「リオ+20」で、この目標の後継として、「国連持続可能な開発目標」を策定するということが決まりました。これは、環境と貧困の問題がメインです。

　こうした国連の活動に、大学がしっかりコミットしていく、というねらいも、「アカデミック・インパクト」に含まれています。

　「アカデミック・インパクト」にも10の原則があります。「国連憲章

の原則を推進し、実現する」という原則をはじめとして、貧困の問題、持続可能性の問題、あるいは多文化共生の問題などが入っています。これらはまさに、ESDの統合的なテーマです。

大学の社会的責任

これまで国際的な潮流について話してきましたが、では国内ではどうかということを、次に見ていきます。

日本の場合は、今、大学はしっかり教育しないまま、社会に学生を出しているのではないかという批判があります。ですから、いわゆる「全入」という「大学のユニバーサル化」ということに対して、文科省は「学士力」の質保証を進めています。

どういう質保証なのかというと、「知識・理解」「汎用的技能」「態度・

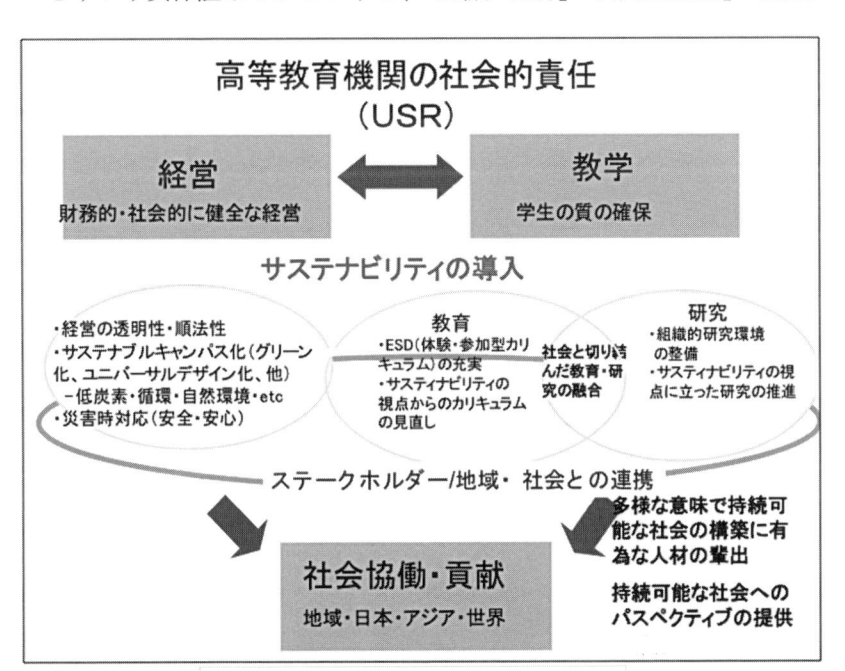

図1：高等教育機関の社会的責任（USR）（阿部, 2009）

志向性」「統合的な学習経験と創造的思考力」という4分野です。「知識・理解」の中に挙げられた「多文化・異文化に関する知識の理解」、「人類の文化、社会と自然に関する知識の理解」、あるいはさまざまな「汎用的技能」の項目は、まさにESDが目指すものに他なりません。また、経済産業省の研究会の「社会人基礎力」というものもあります。これは先ほどの「学士力」と非常に重なる部分があります。これから社会で活躍していく人材をどう育てていくのかといったときに、こういった提言も、ESDの背景にはあるということです。

では、大学/高等教育機関のUSRというのは何なのだろうかということをまとめたものが、図1です。大学には、経営/ガバナンスと教学/教育の2つの面があります。経営の中には、労働慣行などさまざまなものが含まれますが、それらが財務的・社会的に健全な経営でなければなりません。そして教学においては、学生の質の確保/担保が必要です。そのためにサスティナビリティの観点を導入していく、ということです。

まず、経営においては、経営の透明性、遵法性、サスティナブル・キャンパス、グリーン化、ユニバーサルデザイン化、低炭素・循環・自然環境、災害時対応、などが入っています。教育においては、ESDとして参加体験型、あるいは対話・協働といった新たな手法を用いると同時に、サスティナビリティの視点からカリキュラムを再考します。研究については、サスティナビリティ、つまりSDを研究の中心に据えていきます。

そして、しっかりと地域あるいは社会に対して貢献していく、つまり社会協働・貢献が必要です。また、多様な意味で持続可能な社会の構築に貢献する有為な人材を輩出します。これらの人材育成機能により、持続可能な社会のパースペクティブを大学が提供していくのだということです。

もう少し分かりやすくしますと、大学によるサスティナビリティの

視点としては、教育、研究、キャンパスのグリーン化、社会・地域貢献、経営（ガバナンス）、という形で整理する必要があります。ESDはこれらを統合して取り組んでいくということです。

実際に大学におけるサスティナビリティ、あるいはESDの取り組みを社会的に評価する活動が始まっています。「エコ大学ランキング」は、2009年から「エコリーグ」というNPOが始めているもので、全国の大学を規模別に評価します。評価項目は、中心的には「エネルギー・低炭素問題」で、他に「環境マネジメント」、「環境対策実施」、「学生との協働・教育」について、大学に質問紙を送って調査し、評価しています。ちなみに昨年度のランキングでは、名古屋大学が大規模で1位になっています。中規模では岩手大学、小規模では郡山女子大学（と短期大学）が1位でした。

国際的には、北米322大学が参加している「大学サスティナビリティ・レポート・カード（College Sustainability Report Card）」というのがあります。また、イギリスでは「グリーン・リーグ（Green League）」という形で、イギリスの145の大学が参加しています。例えばアメリカでは、高校3年生の65%以上が自分の進学する大学を選ぶ際に、その大学の環境の取り組みで評価するというアンケート結果が出ています。また日本の場合は低炭素が中心ですが、欧米の評価においては、グリーン購入やフェアトレード、食の問題も対象になっています。

国内大学のESD事例

では、北から南まで、特に地域連携という視点から、事例を見ていきたいと思います。

例えば**北海道教育大学**。この大学では、学生のみならず地域住民を対象にESDプランナーの養成を行っています。そのためにESD推進センターというものを設置しています。ESDプランナーというのは、持続可能な社会の実現に向けて、地域の活動を巻き起こすファシリテー

第1部 報告

ターで、地域の自然再生や地域社会の再活性化のためのアイディア創出など、具体的な活動を行う人材です。このESDプランナーの資格は大学が出している資格ですが、これを得るためには座学だけではなくて、実際に地域における社会活動に参加しなければいけません。

また**北海道大学**は、ESD推進組織として全学組織をつくっています。北海道大学は総合大学ですが、すべての学部が連携しながら「ESDウィーク」と銘打って、ESDに関する取り組みを国内外に発信する取り組みをしています。

次に、**岩手大学**の事例です。岩手大学の農学部は非常に伝統があるのですが、東北の産業振興も含め、すべてを岩手大学が教育から担っていこうということで、宮沢賢治にちなんだ「学びの銀河」プロジェ

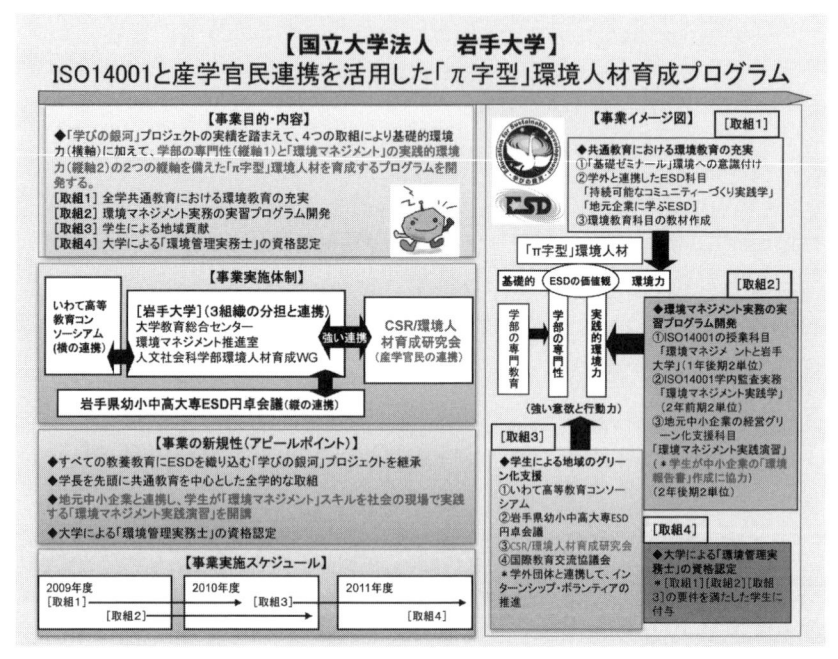

図2：岩手大学：環境人材育成プログラム事業概念図（出典：2013年6月26日　岩手大学環境マネジメント推進室提供）

クトに取組んでいます。図2にありますように「学びの銀河」プロジェクトを横軸にして、学部の専門性を縦軸1、環境マネジメントの実践教育を縦軸2にして、「π字型」の環境人材を育成することを目指しています。例えば、地元中小企業と連携し学生が環境マネジメントスキルを社会の現場で実践する環境マネジメント演習を行っています。つまり地元企業のシンクタンク的な活動を担っていくということです。また、図2にありますように、いわて高等教育コンソーシアムや岩手県幼小中高大専ESD円卓会議を設立し、幼稚園、保育園から小中高・大・専門学校まで、それらのすべてを岩手大学がつなげて豊かに動いていきます。そして岩手全域をサスティナブルにしていくという、非常に積極的な活動を進めています。地域連携を活用した地域サスティナビリティへの貢献ということです。

宮城教育大学はRCEの1つですが、仙台広域圏という、仙台だけではなくて気仙沼地域や大崎田尻地域など、幾つかの地域を結んだ広域圏でESDを展開しています。その中で宮城教育大学は、持続発展教育の教員養成、人材育成に取り組みながら、地域をつなぐ役割を果たしています。特に連携機関として地域のさまざまな団体と協働しています。

立教大学は、ESD研究センターを日本で初めてつくりました。私は当時、すべての大学にESDの推進機関を設置すべきだと主張していました。ESD研究センターでは、本当にいろいろな活動を実施しています。特に地域連携等に関連して言えば、さまざまな成果を地域に還元しています。池袋という立教大学のある地域をどう活性化していくかということを、このESDセンターがつなぎ役となってやっています。

そして今、さまざまな活動を展開しています。図3の真ん中にある「ESDRC」がESD研究センターで、周囲にいろいろな活動がありますが、大学とNPO、それから区や町内会といった地域的なものから、世界的なハブまで、すべて連携しながらやっています。

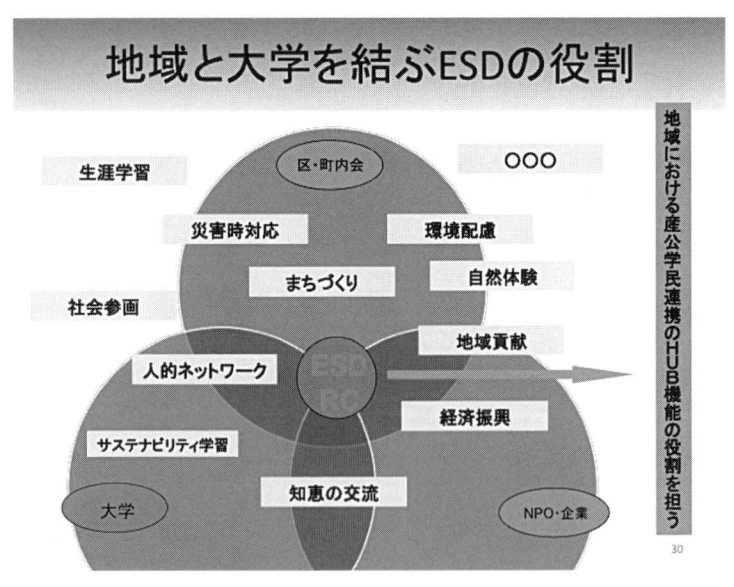

図3：地域と大学を結ぶ立教大学ESD研究センターの役割

　三重大学、ここは非常にユニークな活動を行っています。三重大学のサスティナビリティは非常に高く評価されています。いろいろな活動をしているのですが、特にその中で、四日市の公害から学んでいくという「四日市学」を、大学として展開しています。過去から学ぶことが非常に大事だという意味で、「四日市学」のようなことは、様々な大学でもできるのではないかと思います。また三重大学は2012年度から経産省の「次世代エネルギー技術実施事業」という事業で「三重大学スマートキャンパス」という活動をしています。、総事業費は22億円です。いわゆるスマートシティのようなものなのですが、それを大学で取り組もうということです。

　神戸大学、ここは学部横断型の「ESDサブコース」という選択制のコースを設置しています。14単位を取得すると「ESDプラクティショナー」という認定書が授与されます。これは総合大学で可能な事例で

あろうと思います。

　徳島大学、ここは現在、過疎化が非常に進んでいる中で、それをどう解決していくかということに取り組んでいます。「豊饒な吉野川を持続可能とする共生環境教育」という、人文・社会・自然科学の分野を総合・俯瞰する考えに基づく環境教育です。環境教育と言っていますが、中身はESDです。「20世紀の飛躍的な物質文明の発展の影で忘れつつある精神文明を取り戻す」、「人と川との関わり、また先人たちが築き上げてきた歴史・文化などを、後世に伝承し、新しいものを探していく」、「「温故知新」のプログラム」ということです。

　背景として、以下が挙げられています。「地域再生・経済活性化のためにはインフラの整備や企業活動が不可欠である。しかし開発による環境破壊は深刻な問題である。そして吉野川上流の地域の人口減少による若者の流出があり、中山間地域のほとんどが限界集落である。そういった状況の中で吉野川流域に俯瞰的に焦点を当て、豊かな自然環境保全と持続可能な社会発展が共存共栄するために地域と連携した適切な環境アセスメントを行うことができる人材を育てる環境教育が必要である。」こういう地域連携でESDを進めています。

　育成する人材の具体例としては、市民・NPOの育成、環境行政に携わる人材、企業の環境活動に携わる人材などです。このような形で、人間文化学科、社会創生学科、総合理数学科の3学科が連携しながら地域づくりの総合科学というものを進めています。これは非常に名古屋市立大学と類似性があるかも知れません。

　さらに**北九州市立大学**です。北九州市はRCE拠点のひとつで、ESD推進協議会というものを設置して市全体でRCEに取り組んでいます。ここでは2012年度から文科省の「大学間連携協働教育推進事業」として、「まちなかESDセンター」を核とした実践的人材育成に取り組んでいます。北九州市立大学を中心として、北九州市立大学の他に地域の7大学が連携しています。「まちなかESDセンター」は、北九州のメイン

第 1 部　報告

図4：北九州市立大学：まちなかESDセンター（出典：文部科学省ホームページ「平成24年度「大学間連携共同教育推進事業」の選定取組概要資料（地域連携）」 http://daigakukan-renkei.jp/img/a020_02.pdf　最終アクセス：2013年7月25日）

通りに大学が場所を借りて開設し、地域住民や大学の学生や教職員も集っています。ここで、課題発見・開発能力やコミュニケーション能力、リーダーシップなどの「社会人基礎力」を育成していきます。

　この取り組みは始まったばかりで、具体的な内容はこれから見直しをしながら進めていくことになっていますが、「地域共生教育センター」をまちなかにつくって、「ESD基礎理論講座」など、さまざまなプログラムを実施します。地域実践プログラムとして、商店街活性化プログラム、過疎集落での農業活性化プログラム、防犯防災ボランティアプログラム、高齢者向け健康食プログラム、障害者自立支援プログラム、河川浄化推進プログラムなどを立ち上げて、住民と学生、教職員が一緒に進めていくというものです。これらは7つの連携大学の他

に、幼稚園・保育園、小・中・高、特別支援学校などの教育機関とも連携していきます。また、国内だけではなく、海外拠点を設けてグローバル人材の育成にも取り組んでいくという活動を展開しています。

琉球大学でもこういった指導者養成をしています。ですから今まで申し上げたように北海道から沖縄までの大学において、ESDを用いた指導者養成、あるいはESDを用いた新たなカリキュラムがつくられてきています。

大学におけるESDの課題

多くの大学の取り組みは、文科省を含め、幾つかの省庁の補助金に頼っています。では、その補助金がなくなったらどうなるのでしょうか。数年前に、「質の高い大学教育推進プログラム（教育GP）」獲得大学にアンケートを実施しました。その結果、多くの課題があることがわかりました。

取組体制上の課題としては、「担当教員の労働負荷が高すぎる」、あるいは「運営スタッフが足りない」という課題が挙げられました。カリキュラム開発上の課題としては、「開発に必要な人材スタッフが確保できない」という課題があります。

では、助成期間が終わったら取り組みをやめてしまうのかというと、そうではなく、半数以上が事業を継続しています。

これは、ESDの取り組みを行うのは大変だけれども、取り組み自体は必要なのだということです。つまり、大学として、サスティナビリティというものを中心に据えなければいけないという状況を、多くの大学構成員が理解しつつあるということです。

では、どうやって継続していくかですが、「運営スタッフの確保」、あるいは「資金や教員の確保」、「教育効果の測定手法の確立」などの問題を解決していくことが求められます。それから「担当教員の処遇評価の仕組み」の問題もあります。ESD的な活動は、トップダウンで

はなく、対話・協働という手法で進めていくために、多くの時間を要します。したがって、ESDに取り組むと論文がなかなか書けないなど、特に若手の教員の方々は非常に大変だという側面もあるわけです。その意味で、担当教員の処遇をどうしていくかという仕組みも必要だろうと思います。

　では全体的な課題としてどういうものがあるでしょうか。大きく6つに分けてみました。1つめは「持続可能性をベースとした学問の再構成」です。SDはまさに世界的な潮流になってきていますが、まだまだ大学の学問や小・中・高での教育の中心に据えられていません。相変わらず教育はぶつ切りにされたままであって、それが統合されていないという問題があります。ですから「総合科学の再考」が必要です。この点については、ご存じのようにトランス・ディシプリン（超域学）などという用語も生まれています。名古屋市立大学の場合はまさにこの総合科学を、人文社会学をベースにしながらつくっていこうということなのです。そしていわゆる「開発性科学から持続性科学への転換」を行っていくことが必要なのではないか。同時に、社会と切り結んだ学問、知の社会化が必要であろうと思います。

　2つめの課題としては、「持続可能な社会の変革を目指した教育」。ESDのエッセンス、これは先ほど成先生が出されましたけれども、まさにあのメッセージをどう扱っていくのかということです。「行動変容を促す学び」、あるいは「参加型学習の推進」によって、学んだ学生たちにしっかりと持続可能な社会を創造していく価値観を持ってもらう。そういった学びにしていくことが一番大事です。

　3つめに、グローバル・コンテクスト、つまり世界の情勢にどう関与していくのか。同時に4つめとして、ローカル・コンテクスト。「持続可能な地域づくりの視点」や「地域性の重視」、あるいは「地域の知恵の活用」。これは伝統的知恵とか、私たちの祖先が継承してきた、自然と織り成す賢い知恵とかいろいろなものがありますが、その再評価や

活用が必要だと思います。

5つめとして、特に大きな課題なのは、指導者養成です。先ほど挙げたように、多くの大学がESDに取り組むメインの課題として、指導者養成を挙げています。

6つめはサスティナブル・キャンパス。低炭素、循環、自然環境、あるいは災害対応、ユニバーサルデザイン、地域連携。このようなサスティナブル・キャンパスの達成が非常に大事だと思います。

大学におけるESDの更なる推進へ向けて

では、これらの課題を踏まえてESDをさらに推進していくためにどうしたらいいでしょうか。まず、現状の評価として、日本の大学/高等教育におけるESDの弱点と強みは何かということを考えます。

強みとしては、サスティナビリティはもう世界の潮流だということです。また情報やグッド・プラクティスを共有するネットワークがあります。先ほど挙げたように、RCEなどの様々なネットワークが日本にあります。2014年にESDの10年の最終会合が日本であることも、非常に大きな強みです。

弱点としては、ESDはまだまだマイナーだということです。ESDとは何かという神学論争は、もうやめましょう。事例から入ったらいっぱいありますし、事例を出せば分かります。事例を見ると多様です。LEDは何の略か知らないけれども、LED電球はみんな知っています。同じようにESDの略は何か知らないけれど、ESDは知っているような、それくらい言葉を浸透させなければなりません。

また、大学間・セクター間の連携がまだ弱い。競争関係にある大学間の連携のジレンマもあります。中部地域の場合は中部RCE拠点の大学連携があるそうですが、大学がそれぞれの良さを生かしながら連携していくことが非常に大事だと思います。

そして、経営陣の問題です。先ほど、ガバナンスが非常に大事だと

いう話をしました。教員の方は一生懸命やろうとしているけれども、経営陣がなかなかそうならないという場合もあります。幸いにも、名古屋市立大学は理事長を含め非常に熱心で、名古屋市も取り組まれるということなので、全く問題ないと思いますが、多くの大学ではまだこれが大きな問題になっています。

　それから資金難があります。恐らく名古屋は全く問題がないと思いますが。

　そして、さらなる推進に向けて、学内推進体制をしっかりとつくっていかなければなりません。これからはESDを恒常的にマネジメントしていく部署が必要です。

　それからSD研究の成果をきちんと教育に出していくということ。研究者として、SDの研究成果を当然出していきますが、それをどう教育に入れ込んでいくか。そのための集合知のフォーラム等を行っていくということも考えられます。

　また、現状では環境教育の域を出ていないESDはまだまだ数多くあります。そこから脱皮して環境教育からESDに移っていくことも必要です。

　それから高等教育のESDの有機的・組織的連携の一層の充実を図っていく。

　特にESDの「見える化」です。ESDって何なのだろうかという、その「見える化」を行っていく。先ほど紹介した幾つかの大学では、「ESDウィーク」という取り組みや、「ESDプラクティショナー」という認証制度もありました。これがまさに「見える化」です。しかし、これは個々の大学で取り組むと同時に、複数の大学、あるいは地域で連携していくことが必要だろうと思います。大学にとってのメリットの見える化も非常に大事です。ESDを進めることは名古屋市立大学にとってどういうメリットがあるのだろうか。メリットがあるのです。付加価値がついてきます。その付加価値って何だろうか。それを挙げ

ていきます。

　それから大学の社会的責任としてのESD。これは理事長の、あるいは学長のステートメントですね。それをちゃんと打ち出していくことが必要です。

　また、先ほどの学士力答申の活用。これは受験生や授業料を出す人たちが期待することです。この大学に入ったらどこまで力を付けて大学を卒業させてくれるのだろうかといったときに、ESDという視点でしっかり学士力を付けていくということです。そういったことも必要かもしれません。

　これらを含めて、来年のユネスコの世界会合に使わない手はないということで、世界会合でどうこれを使っていくのか、そして世界会合以降、どういう形で進めていくか。その計画もつくっていくことが必要であろうと思います。

　こういう活動を通じて、大学におけるESDの普遍化ということが必要ではないかと思います。ご清聴ありがとうございました。

参考資料
・書籍・論文
秋田市立秋田商業高等学校ビジネス実践・ユネスコスクール班『ユネスコスクールによるESDの実践―教育の新たな可能性を探る』、アルテ、2013年
阿部治監修、荻原彰編著『高等教育とESD』、大学教育出版、2011年
阿部治・田中治彦編著『アジア・太平洋地域のESD〈持続可能な開発のための教育〉の新展開』、明石書店、2012年
生方秀紀・神田房行・大森亨編著『ESDをつくる―地域でひらく未来への教育―』、ミネルヴァ書房、2010年
阿部治「持続可能な社会とESDの役割」、『異文化コミュニケーション学への招待』（鳥飼玖美子・野田研一・平賀正子・小山渡編）、みすず書房、2011年、pp. 200-217
村上千里・阿部治「ESDの10年の経過とさらなる推進に向けて」、水環境学会誌、33(1)、2010年、pp. 25-28
浅利美鈴・酒井伸一「大学の持続可能性評価に関する国際比較～欧米日のランキング例より～」、「第6回HESDフォーラム2012」キャンパス・サステイナビリティ～持続可能

第 1 部　報告

社会づくりにおける大学の役割〜発表概要集、2012 年、p.33

・ウェブサイト

岩手大学 ISO14001 と産学官民連携を活用した「π 字型」環境人材育成プログラム ホームページ, http://www.iwate-u.ac.jp/ecoedu/, 最終アクセス：2013 年 7 月 3 日

仙台広域圏 ESD・RCE ホームページ, http://rce.miyakyo-u.ac.jp/, 最終アクセス：2013 年 7 月 3 日

朴恵淑「三重大ブランドの環境人財育成プログラム」（2011 年 2 月 26 日開催 "海の環境シンポジウム「海を知ろう」" 発表資料）, 東海大学 体験型実習を基盤とする海洋環境教育の実践 - 海洋立国を担う海洋環境士の育成プログラム - ホームページ, http://www.scc.u-tokai.ac.jp/ocean/gp/shimpo2011/paku110226.pdf, 最終アクセス：2013 年 7 月 3 日

Campus Climate Challenge ホームページ, http://ccc.eco-2000.net/eco-campus, 最終アクセス：2013 年 7 月 3 日

ユネスコスクール ホームページ, http://www.unesco-school.jp/index.php?page_id=150, 最終アクセス：2013 年 7 月 3 日

国連大学ホームページ, http://www.ias.unu.edu/sub_page.aspx?catID=108&ddlID=697, 最終アクセス：2013 年 7 月 3 日

環境人材育成コンソーシアムホームページ, http://www.eco-lead.jp/, 最終アクセス：2013 年 7 月 3 日

文部科学省, 学士課程教育の構築に向けて（答申）,
http://www.mext.go.jp/b_menu/shingi/chukyo/chukyo0/toushin/1217067.htm, 最終アクセス：2013 年 7 月 3 日

エコリーグホームページ, http://el.eco-2000.net/, 最終アクセス：2013 年 7 月 9 日

北九州まなびと ESD ステーション [まちなか ESD センター] ホームページ, https://manabito.kitakyu-u.ac.jp/, 最終アクセス：2013 年 7 月 9 日

北海道教育大学釧路校 ESD 推進センターホームページ, http://esdc.kus.hokkyodai.ac.jp/, 最終アクセス：2013 年 7 月 8 日

徳島大学「豊饒な吉野川を持続可能とする環境共生教育」ホームページ, http://web.ias.tokushima-u.ac.jp/kankyogp/, 最終アクセス：2013 年 7 月 9 日

神戸大学発達科学部 / 人間発達環境学研究科ホームページ, http://www.h.kobe-u.ac.jp/ja/node/1537, 最終アクセス：2013 年 7 月 9 日

琉球大学, 環境報告書 2011, http://w3.u-ryukyu.ac.jp/ecan/contents/c_page06/pdf/page06-1/kankyoureport2011_7_TORRIKUMI.pdf, 最終アクセス：2013 年 7 月 9 日

（＊文中の図 2 と図 4 は本稿編集過程において最新の図と差替えています。）

コラム 2

学校・文部科学省と ESD

藤田栄史（専門：労働社会学）

　ESD は、学校・大学の教育機関において取り組まれるだけでなく、企業や市民社会の様々な団体・組織など経済・社会・文化の広範な領域において展開されることが期待されています。しかし現状では、教育機関での取り組みさえも十分な機能を果たしていません。2011 年 6 月に改訂された「わが国における『国連持続可能な開発のための教育の 10 年』に関する実施計画」は、「ESD は、教育現場を始め地域活動の場等においても、ほとんど認知されていません」と率直に述べています。

　認知されていない現状にあるとはいえ、文部科学省を始めとして日本政府は、学校（小中学校、高等学校）での ESD の推進のため注目すべき取り組みを進めてきました。「国連持続可能な開発のための教育の 10 年」（2005-2014 年）が 2002 年 12 月の国連総会で決議され、これを受け、国内施策を実施するために、日本政府は 2005 年 12 月、内閣に「国連持続可能な開発のための教育の 10 年」関係省庁連絡会議を設置しました。同連絡会議は 2006 年 3 月、「わが国における『国連持続可能な開発のための教育の 10 年』に関する実施計画」（http://www.cas.go.jp/jp/seisaku/kokuren/keikaku.pdf、最終アクセス：2013 年 7 月 28 日）を策定しました。

　同国内実施計画では、ESD が取り組むべき課題は「世代間の公平、地域間の公平、男女間の平等、社会的寛容、貧困削減、環境の保全と回復、天然資源の保全、公正で平和な社会など」多岐にわたるととらえ、また、「学び方・教え方については、『関心の喚起→理解の深化→参加する態度や問題解決能力の育成』を通じて『具体的な行動』を促すという一連の流れのなかに位置づけることが大切」と指摘しています。

　国内実施計画に沿い文部科学省は、主に 3 つの方向で学校での ESD を展開してきています。第一に、ユネスコスクールを ESD の推進拠点と位置づけ、小中学校・高校等のユネスコスクール加盟を促しています。ユネスコスクー

ルとは、ESDを主導しているユネスコのもとに設けられている世界的な学校ネットワークです。ユネスコ憲章に示された理念を実現するために、このネットワークを活用して世界の学校と交流し、地球規模の諸問題に対処できるような新しい教育内容や手法の開発・発展を目指すものです。2005年には日本全国の加入校は19校でしたが、2013年4月現在、578校がユネスコスクールに加入するに至っています。

　第二に、2008年7月に文科省が策定した教育振興基本計画において、「地球規模での持続可能な社会の構築」を重要な教育理念の1つとして明示し、今後5年間に推進すべき施策のなかにESDを位置づけています。

　第三に、この教育振興基本計画に従い、文科省は、2008年・2009年に告示した中学校・高校学習指導要領の一部教科・科目のなかに、持続可能な社会の構築という観点を盛り込みました。

　こうした文科省の動きをフォローし、国立教育政策研究所・教育課程研究センターは、「学校においてESDを導入・実施するための基本的な考え方や具体的な授業の開発」を目指して、大規模な研究を2008～2011年度にわたり組織し、最終報告書を2012年3月に刊行しています（『学校における持続可能な発展のための教育（ESD）に関する研究』http://www.nier.go.jp/kaihatsu/pdf/esd_saishuu.pdf、最終アクセス：2013年7月28日。そのエッセンスは「ESDの学習指導過程を構想し展開するために必要な枠組み」https://www.p-esd.go.jp/design/pdf/pamphlet.pdf〈最終アクセス：2013年7月28日〉と題するパンフレットにまとめられています）。同最終報告書は、環境教育指導資料（国立教育政策研究所、2007）における環境教育の枠組みをESDの視点から構築し直し、ESDの学習指導過程を構想し展開するために必要な枠組みを提案しています（図1参照）。

　国際的な動きにおいても、従来の環境教育から、「持続可能性」をキーワードとするESDへの質的転換が進められようとしています。しかしながら、学校における授業実践は、国立教育政策研究所・最終報告書がとりあげている授業実践例にみられるように、環境・エネルギー等に関わるテーマに偏っていることは否めません。ユネスコの報告書『国連　持続可能な開発のた

めの教育の 10 年　中間年レビュー――ESD の文脈と構造―』(翻訳　国立教育政策研究所、2010 年 7 月、http://www.nier.go.jp/04_kenkyu_annai/pdf/DESD2009.pdf、最終アクセス：2013 年 7 月 28 日）は、ESD の「枠組みの中で強調されている重要なテーマは、健康、水、天然資源の管理（水、土、鉱物、化石燃料）、生物多様性の喪失のような伝統的で環境に関わるものである。現在、カリキュラムの中でそれほど強調されない重要なテーマは、ミレニアム開発目標（MDGs）、防災、企業の社会的責任などがある」と指摘しています。環境・開発教育をはじめとして、多文化共生教育、人権教育、福祉教育、ジェンダー教育、平和教育などを統合的に展開し、環境・経済・社会・文化の総合的・多面的な視点から持続可能性をとらえる「体系的な思考力 systems thinking」を育むことは、今後ますます重視する必要があるチャレンジングな課題ではないでしょうか。

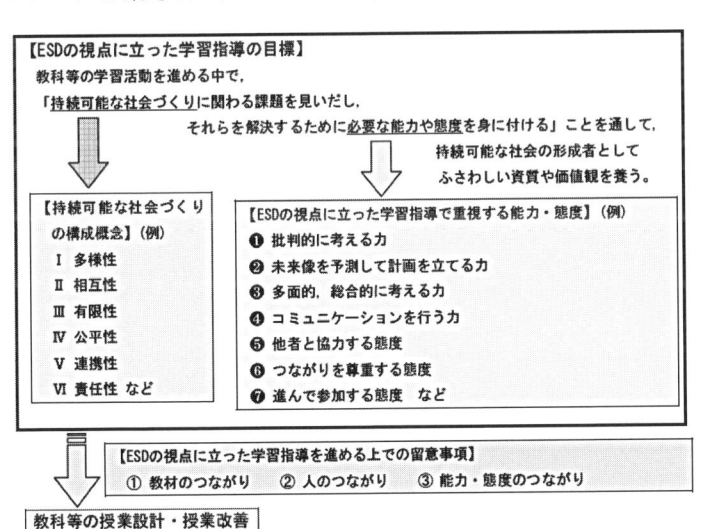

図1：ESD の学習指導過程を構想し展開するために必要な枠組み

4. 中部ESD拠点の取組み

竹内 恒夫（専門：環境政策論）

　こんにちは。中部ESD拠点の運営委員会の運営委員長をやっています竹内です。よろしくお願いします。中部（東海3県）のESDを推進する地域拠点として2008年から活動を開始しているのが、中部ESD拠点です。

ESDは、環境・社会・経済の公正をもたらす
　文科省のユネスコ国内委員会は、ESDの目標を、「持続可能な発展のために求められる原則、価値観及び行動が、あらゆる教育や学びの場に取り込まれること」「すべての人が質の高い教育の恩恵を享受すること」「環境・経済・社会の面において持続可能な将来が実現できるような価値観と行動の変革をもたらすこと」と言っています。それは「環境の保全」「経済の発展」「社会の公正化」の統合を意味します。

　日本政府は平成18年にESDの10年の実行計画というものをつくっています。わりと分厚い計画ですけれども、その中で、私は、以下の部分に共感しています。「我が国を含む先進国に何よりもまず求められるのは、社会経済システムに環境配慮を織り込んでいくこと」であり、「持続可能な消費・生産パターンを定着させることや生物多様性を確保すること」である。さらに、「環境の保全から始めた取組も、人権や福祉などの課題の解決などへの発展につながっていくよう取り組むことが望まれ」、「例えば、地域の自然資源の活用を促進する取組により、

地域経済の向上と環境保全が図られるだけでなく、この取組に地域の多様な主体が参加することにより、地域コミュニティの関係性が向上し、地域で顔の見える関係が構築される結果、地域福祉の向上にもつなが」る、と言っています。それが、我が国を含む先進国におけるESDだろうということです。

よく環境教育とESDはどう違うのかという問い掛けがあります。いまの政府の文章を考慮してみますと、私が考えるに、環境教育は、もちろんその入り口は環境で、出口効果も環境しかありません。一方ESDは、環境を入り口としながらも、出口効果は環境だけでなく、社会的公正や経済的公正ももたらされます。あるいは、社会的公正を目指した取り組みが、環境の保全や経済的公正にもつながるのがSDであり、そういう人づくりをすることがESDなのだというふうに解釈しています。

中部ESD拠点

中部ESD拠点の話に戻ります。ESD拠点とは、国際的にESDを進めるためには地域の拠点が必要だということで、国連大学のヒンケル学長（当時）が提唱しました。国連大学の本部は東京にあるのですが、その国連大学の横浜にある高等研究所というところが、ESD拠点の認定をしています。この国連大学認定のESD地域拠点を、RCE（Regional Centres of Expertise）と呼んでいます。

教育には、フォーマル・エデュケーション（公教育）と呼ばれる、小・中・高から大学までの公の教育以外に、ノンフォーマル教育やインフォーマル教育もあります。（図1参照）　RCEは、公教育の中での水平的および垂直的なつながりと、公教育とノンフォーマルやインフォーマルな教育との横のつながりを目指しています。

この地域拠点は現在世界に110カ所認定されていまして、日本には6つの拠点があります。世界の拠点はどんどん増えています。毎年1回世

第1部　報告

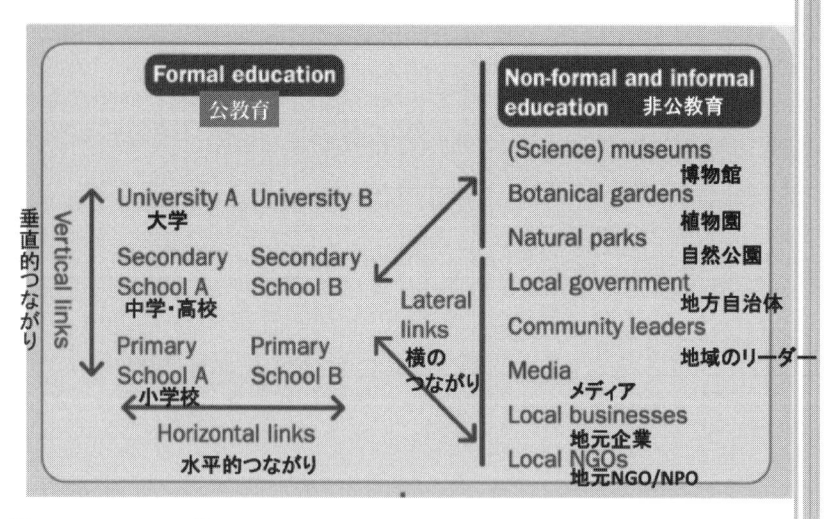

図1：RCEのコンセプト

界会議を行っていて、第1回目は日本の横浜でありました。2012年は韓国のトンヨンでありました。今年はケニアで、来年2014年には愛知・名古屋でユネスコの世界会議が行われる直前に、岡山でやります。その他、RCEのアジア太平洋会議というのも定期的に行われています。

　日本にある6つの拠点は、中部以外は、仙台周辺、横浜、神戸、岡山、北九州です。主に市単位ですが、仙台は広域で、中部は東海3県です。中部ESD拠点は、エリア的には一番広いエリアをカバーしています。愛知・岐阜・三重は、偶然にも伊勢・三河流域圏にほぼ重なります。（図2参照）　そこで、伊勢・三河湾流域圏において、「縦糸と横糸で持続可能な地域を織ろう」というコンセプトで、さまざまなテーマを扱っていこうと考えています。

　中部ESD拠点には、大学、高校、中学、研究機関、行政機関、市民団体、財団、企業、経済団体など、合わせて66の団体が参加しています。中部大学総長と名古屋大学総長が共同代表です。もちろん名古屋

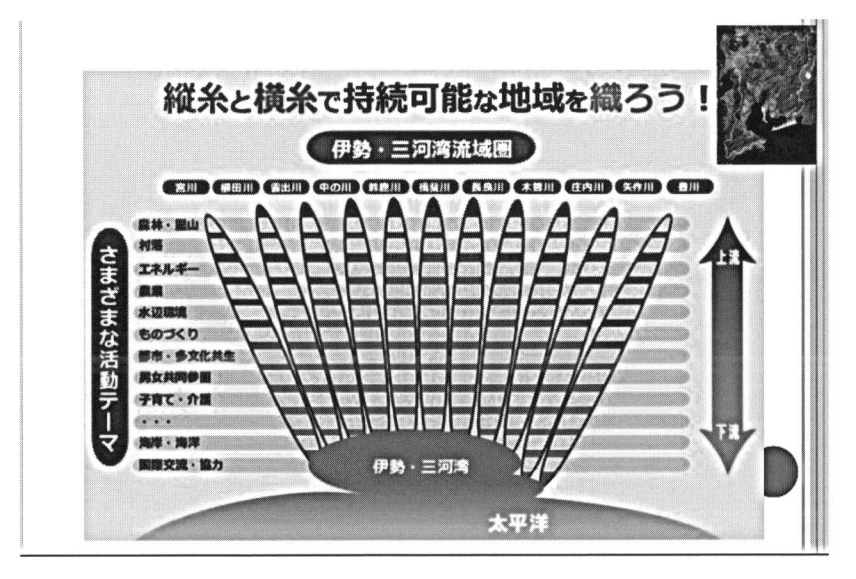

図2：中部RCE拠点のテーマ

市立大学もメンバーに入っています。

2014年ESDユネスコ世界会議の開催

　2014年11月に「ESDユネスコ世界会議」が愛知・名古屋で開催されます。2005年の万博がホップ、2010年のCOP10がステップ、それから2014年がジャンプということで、一連の環境関係の国際的なイベントが愛知・名古屋で開催されるわけです。

　おととしのCOP10の最中も、中部ESD拠点として幾つか行事や事業を行いました。国内6つのRCE地域拠点の関係者を集めて「生物多様性のためにESDが果たす役割」と題したシンポジウムを行ったり、中部ESD拠点が中心となってアジア地域のRCEも含めてサイバー対話を行って、その成果をCOP10に持ち込むことも行いました。

　文科省によると、2014年のユネスコ世界会議には国内外から約1000

人規模の参加者が見込まれています。この会議の目標について、ユネスコによる予備的インフォメーションノートには次のようにあります。1つめは「10年間の活動の記念 ―何を達成できたか、また、どのような教訓が得られたか―」。2つめには「万人のためのより良い未来を築くための教育の新たな方向付け ―持続発展教育（ESD）は質の高い教育の強化にどのように役立つのか―」。3つめに「持続的な発展のための行動の促進 ―持続発展教育（ESD）を通じて、持続性という課題にどのように取り組めるのか―」。それから4つめ、これが一番重要だと思いますが、「ポスト2014のための持続発展教育（ESD）アジェンダの作成 ―私たちの共通の未来のための戦略とは―」ということです。

中部ESD拠点「2014年プロジェクト」

　中部ESD拠点が2014年のユネスコ国際会議に向けて、あるいはそれ以降も視野に入れて今年度から行っているのが「2014年プロジェクト」です。ユネスコ最終年会合がこの愛知・名古屋で開催されるわけですから、開催地の地域ESD拠点として、ESD中部モデルとも言うべきESD活動を展開しようと思っています。そして、その成果を2014年の最終年会合、とりわけ4番目の目標である「ポスト2014年のアジェンダ」に何らかの形でインプットしていきたいと考えて活動しています。(図3参照)

　具体的には、2014年に向けて、愛知県や名古屋市、中部経済連合会、名古屋商工会議所、愛知学長懇、そして中部ESD拠点などが支援実行委員会をつくりました。この支援実行委員会が「おもてなし」や「地域の盛り上げ」を中心にやっています。

　ESD拠点では3つの活動目標を立てています。1つめは「企業・NPOの連携による人づくり」。2つめは「学校教育と地域の連携による人づくり」。それから3つめに「高等教育における人づくり」です。それぞれの分科会を設けて、3つのテーマで3年間活動を展開し、その成果を

4. 中部 ESD 拠点の取組み

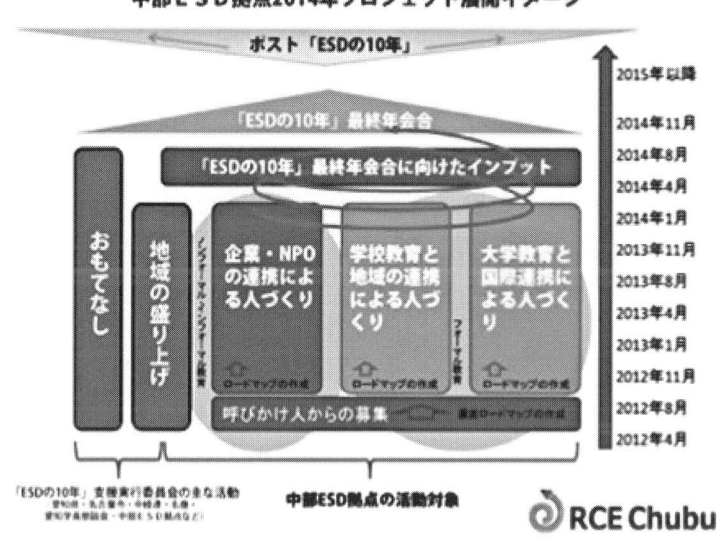

図3：中部 ESD 拠点 2014 年プロジェクト

ESD中部モデルと言えるようなものに結び付けていきたいということです。

　第1分科会は、地域における企業とNPOを主体に、地域経済の持続性についての議論を進めています。2012年の6月に行われた「リオ+20」において重要性が再認識された「グリーンエコノミー」という流れがあります。これを中部で用いながら、地元の企業やNPO団体などとのワークショップを通じて、この地域におけるグリーンエコノミーの現状と将来性というものを検討しています。

　次に第2分科会では、特に小・中・高の学校教育と連携した地域のESD実践の仕組みづくりをミッションとして、学校と地域が一体となったESD実践の拡大を目指して、モデルになる事例をつくることを目的としています。今のところ、まずESDに積極的な教育委員会にヒアリ

ングして、市・町におけるESDの実態を把握しています。それから2つめにユネスコスクールを対象として地域連携に関した実態把握をしています。それから3つめにESD実践をしている高等学校による交流会を支援して、その効果を把握しています。昨年12月、「高等学校ESDコンソーシアムin愛知」と連携して、高校生によるESD実践発表会を行いました。それから4つめに地域の教育NPOとともに子どもたちが置かれている社会状況の課題について協議をしてESD実践の在り方について検討しています。

そして第3分科会は、高等教育/大学において、「持続可能な中部をつくるための人材育成プログラム」を作成して試行していこうとしています。その目的は大げさに言えば、この地域の大学生や大学院生による持続可能な中部のための政策形成、です。持続可能な社会とはどのような社会なのかを考え、どう行動するか、どうつなげていくかを考えるための教育ツールとしてのプログラム開発をしています。（図4参照）

まず、「持続可能な中部」とは、いったいどのような社会像だろうか。環境・経済・社会から構成されるのが持続可能な地域であり中部であるわけですが、では具体的に環境面ではどんな社会なのか、経済面では、社会面ではと、目指す社会像を検討し、決めていきます。そのために必要になるのが「地域持続可能性指標」です。世の中にはたくさんの指標がありますが、その中で、この目指す社会像にふさわしい指標を選択し、考え、つくり出していく。そして、そうした目指す社会像を達成するための社会や経済のさまざまなシステムをあらかじめ幾つか用意して―本当は自分で考えればいいのでしょうが―、さらにそれぞれのシステムに対応する政策手段の選択肢も用意します。

今のところ、縦に25項目の社会・経済システム、それからその選択肢として4種類プラス独自に考えてもらう枠を1つ入れて5種類、という形で作成しています。それぞれの社会システムの中で、どれを選択す

4. 中部ESD拠点の取組み

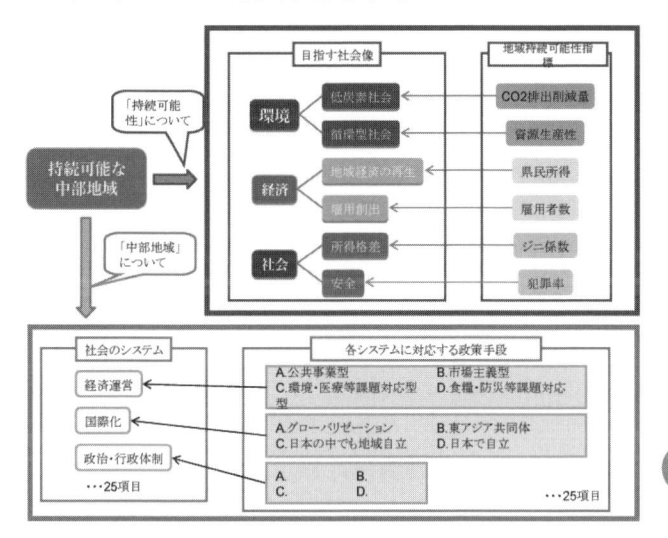

図4：教育プログラムの開発例

るとどの指標にはね返って、そしてそれが目指す社会像にどんなプラスあるいはマイナスの効果があるのか、またそれはどのくらいの効果なのか、ということを考えることができます。

　そういった社会システムや政策手段を考え、協議しながら選択をすることで、学生たちの持続可能な地域をつくるための政策立案能力を養うことが重要です。知事になったつもりで、あるいは東海州が将来できるとしたら東海州の知事になったつもりで、この持続可能な中部をつくるための政策を立てることを目的としたプログラムをつくろうとしているのが、第3分科会です。

　さらに来年度には、国際的な活動に視点を当てた横断的な分科会もつくります。それから、季節の移り変わりが文化や社会・経済活動に大きな影響を与え、あるいは文化そのものをつくっているとも言える

ので、二十四節気を通じた自然の学びをまずこの地域に普及して、さらに国内に普及し、将来的には世界的に、季節を感じる日本の文化を広めていったらいいのではないかと提案しているメンバーがいます。これもやっていきたいと考えています。

それからもう1つ、伊勢湾・三河湾に流入している11河川の上流、中流、下流の計33カ所でのいろんな活動を「伊勢・三河湾流域圏ESD講座」として支援しています。事例としては持続可能な社会づくり、ホームレスの自立支援、古民家のリフォームなど、様々です。

地域文化に埋め込まれた知とESD

2009年にESD10年の中間年会合があり、「ボン宣言」が採択されました。全部で19項目の宣言文になっています。そこからキーワードを拾って、次のように整理してみました。

ESDの目標は「レジリエントで、ヘルシーでサステイナブルな社会づくり」である。具体的に言えば、経済的・社会的公正、生態系保全、食料安全保障、持続可能な生計などです。

そして教育に求められるのは、持続可能な生活、社会参加、品格ある仕事のための、価値や知識の共有です。ここでいう価値として、ボン宣言の中で、正義、公平性、寛容、充足性、責任が挙げられています。また知識としては、水、エネルギー、気候変動、災害リスクなどに関するものが挙げられています。さらに環境、経済、社会、文化の多様性の4つの相互依存関係も共有化していく必要があります。

尚、ボン宣言における価値と原則は、2000年に世界の有識者が採択した「地球憲章（Earth Charter）」に盛り込まれているものです。「地球憲章」には50~60の「持続可能な未来に向けての価値と原則」が載っています。

こうした価値や知識を共有して解決策を見つけ出すスキルや技能を習得することが必要です。その際の解決策ですが、新しいアイディア

4. 中部ESD拠点の取組み

レジリエント・ヘルシー・サステイナブルな社会

経済的・社会的公正、生態系保全、食糧保障、持続可能な生計

持続可能な生活・社会参加・品格ある仕事のための

価値（values）、知識（knowledge）

価値
正義、公平性、寛容、充足性、責任

原則
持続可能な生活、民主主義、環境保全、自然資源保護・持続可能な利用、持続可能な生産・消費、公正で平和な社会など

水、エネルギー、気候変動、災害リスク、生物多様性、食糧危機、健康リスク、社会的脆弱性・不安定性

環境、経済、社会、文化の多様性の相互依存

手腕（skills）、技能（competencies）

■解決を見つけ出すスキル
■新しいアイデアや技術の中だけでなく、地域文化の中に埋め込まれた実践と知識を描き出すスキル

伝統知、土着知、地域知

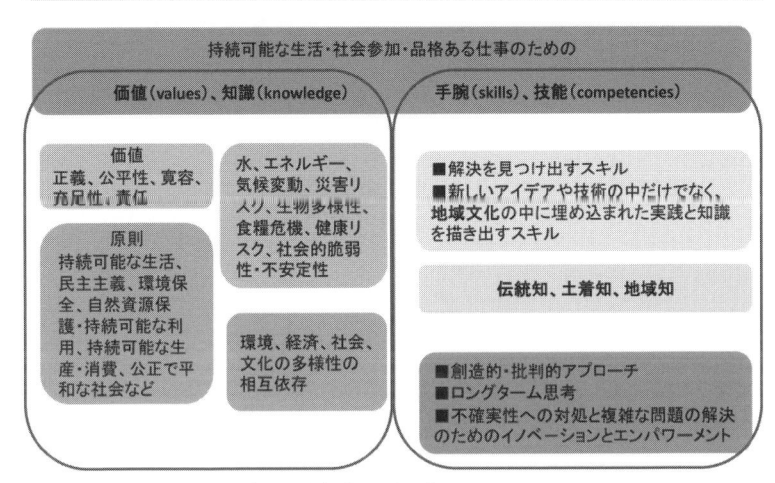

■創造的・批判的アプローチ
■ロングターム思考
■不確実性への対処と複雑な問題の解決のためのイノベーションとエンパワーメント

図5：ESDの10年中間年会合（2009年）「ボン宣言」キーワード

や新しい制度、また新しい技術の中だけではなく、地域文化の中に埋め込まれた実践と知識も大切だと指摘しています。別の箇所では、伝統知、土着知、地域知、とも言っています。地域文化を新しいアイディアや技術と合わせて、解決策を見出していく必要があろうということです。さらには、創造的・批判的なアプローチ、イノベーション。これらがESDの在り方だということが、ボン宣言から読み取れるのではないかと思います。

以上です。

参考資料（各参考URLへの最終アクセス：2013年7月20日）
ユネスコESD世界会議（2009年3月31から4月2日）「ボン宣言」 http://www.esd-world-conference-2009.org/fileadmin/download/ESD2009_BonnDeclaration080409.pdf
Regional Centres of Expertise (RCE)　　http://www.ias.unu.edu/sub_page.

第 1 部　報告

　　　aspx?catID=108&ddlID=183
「地球憲章」アジア太平洋・日本委員会　http://www.earthcharter.or.jp/
中部 ESD 拠点　http://chubu-esd.net/
中部 ESD 拠点「2014 年プロジェクト」～「ESD ユネスコ世界会議」に向けた 2012 年度の
　取組み～、平成 25 年 3 月 22 日、中部 ESD 拠点協議会
「流域圏の持続可能性を高める～伊勢・三河湾流域圏 ESD 講座の取組み～ VoLl.1、平成 25
　年 3 月 29 日、NPO 法人愛・地球プラットフォーム / 中部 ESD 拠点協議会
名古屋大学 5 研究科連携 ESD プログラム　http://www.nuesd.env.nagoya-u.ac.jp/

コラム 3

名古屋のまちづくりと ESD

山田　明（専門：地域政策・地方財政）

　千葉大学の広井良典は『創造的福祉社会』のなかで、若者のローカル志向は否定的に考えられるべきかと問題提起しています。ローカル志向は、日本や地域社会を"救う"萌芽的な動きと見るべきであり、そうした動きへの様々なサポートや支援のシステムこそが強く求められると述べています。大学における ESD を考える上でも示唆に富む指摘です。

写真 1：社会調査インターカレッジ発表会

　本学の人文社会学部においても、まちづくりや NPO などに関心をもつ学生が多くなっています。私のゼミの卒論を見ても、まちづくりや地域再生などのテーマが多くなっています。若者のローカル志向と関わらせて、名古屋のまちづくりと ESD について、この間の教育経験を交えて紹介していきます。

　まちづくりとは、「地域社会に存在する資源を基礎として、多様な主体が連携・協力して、身近な居住環境を漸進的に改善し、まちの活力と魅力を高め、『生活の質の向上』を実現するための一連の持続的な活動」（佐藤滋、日本建築学会編、2004）などと定義されます。都市計画のアプローチの違いに注目して、ひらがな書きされることが多いです。物理的な空間の改善というハードだけでなく、「人づくり」などのソフトな活動も含んでいるからです。まちづくりは「人づくり」でもあります。

　大学の講義科目に「社会調査実習」があります。学生が 1 年間かけて地域に出かけて調査を行い、その成果を報告書にまとめるものです。最近はまちづくりをキーワードに、「名古屋の観光まちづくり」をテーマに調査して

きました。3・11東日本大震災と原発事故以降は、「防災・減災まちづくり」をテーマにしています。私たちは3・11から何を学ぶかを学生と議論して、行政や企業、地域住民を対象に調査を続けています。今年度も12名の学生が参加して、南海トラフ巨大地震を見据えて、「名古屋の防災・減災まちづくり」について名古屋駅地区を中心に調査を進めています。

　この「社会調査実習」は調査のスキルを学ぶとともに、実際に地域に出かけヒアリングやアンケートなどを行い、学生が主体となって社会調査を行うものです。最初のうちは、アポイントをとるのに苦労して、調査に出向くのを敬遠する学生も見られます。しだいに慣れてくると、自ら調査対象を設定して、積極的に調査に出向くようになります。調査仮説を立て、調査で得たデータや資料を分析して、メンバーでじっくり議論します。調査結果を一冊の報告書にまとめる作業も苦労の連続ですが、完成した報告書を手にした学生の喜びもひとしおです。なお、学内での報告会や周辺の大学とのインターカレッジ報告会も、学生の士気を高めるのに役立っているようです。

　大学でESDを推進していくうえで、「社会調査実習」の経験から多くのことを学ぶことができます。

写真2：「社会調査実習」ヒアリング

第2部 質疑応答 ―フロアからパネリストへ、パネリストから読者へ―

大学でESDをどう進めるか？

質問 大学でESDを始めたときの学生の反応はどうでしたか。

阿部 私のところは、名古屋市立大学人文社会学部のように、ESDで学部を再編成するような積極的なことはしておりませんが、私自身が学部の専門科目としてESDを含む環境教育論と全カリ共通科目としてESD、院の専門科目としてESD論を担当しています。特に2010年度から始めた全カリ科目としてのESDは、参加型授業ということで、受講生を特別に50人限定にしています。希望者は定員の数倍いるので、抽選となるのですが、非常に意欲的な学生が多いです。机が移動できるフラットな教室で、50人で14回やるのですが、半分以上は外からのゲスト講師です。小中学校の教師や経団連の担当者、国内・国際NGOなど、多様な方に来ていただいています。

　講義回数の半分程度が講義（ディスカッションを含む）で残りの半分がワークショップです。ワークショップは全体で行う場合と5人程度のグループに分かれて行う場合があります。例えば開発教育の場で活用されている「世界がもし100人の村だったら」のワークショップ版を行うなど、いろいろなことをやります。そして、最後はグループでディスカッションです。そうするとより参加型になります。そして対話形式で自分の意見を言ってもらいます。参加型民主主義を学ぶという方式でやるのですが、学生の満足度は非常に高い。そして受講生の多くはその後、この経験をベースに自分の関心のある領域で勉強を続けていきます。一方的な授業で教員が話をして、学生たちに意見を発表しろと言っても、今の学生たちはほとんど発表しません。書かせれば書きますが、あまり発表しません。ところが学生同士だと、どんどん話すようになります。今までの授業ではそういう経験がほとんどありませんので、彼らにとってそれはものすごく新鮮で、その意味でも満足度

も非常に高いのではと思います。ただし授業に際しては、ベースとなる知識や情報はしっかりインプットする、あるいはある程度勉強するように指導しながらやっています。この1つの授業だけでも、そうした学生からの手応えを非常に感じました。

　フィールドワークも学部の演習や院の授業で何回かやっていますが、フィールドワークの場合はやはりその行った地域に学ぶということをする。別所先生は問題解決学習（PBL、problem-based learning）という言葉を使われましたが、それを地域に即して言いかえて、place-based education（PBE）というもの、要するに「場の教育」を行います。だから、学ぶときに確かにグローバルな視点で学ぶことは大事ですが、この場所で起きている問題もいっぱいあるわけです。ですから、その場で学ぶことが大事になります。その場で生きた問題に関わる人として、その地域に住んでいらっしゃる方から学ぶという「場の教育」、それはすごく説得力があります。ですから、座学とは異なって、そこに住んでいらっしゃる方のナマの声が聞ける。そういうことを含めて言えば、やはり非常にリアリティがあるわけです。リアリティがあれば、そこで心が動きます。だから、そういう場面を何らかの形で用意していくことが必要です。

　フィールドワークでは、時間の制限があるので、ある程度プログラムを作っていくことが必要だと思います。もちろん、いろいろな方々とのネットワークが必要です。あるいはリスク回避の問題とか経費の問題、そういった問題も生じてきます。そこをどう大学全体としてフォローしていくか、そこが大事だと思います。ですから、先生個人の負担にさせるのではなく、大学としてちゃんとカバーすることが必要だと思います。

コラム 4

ESD基礎科目「持続可能な日本社会論」第3回グループ発表会

飯島伸彦（専門：政治社会学・メディア社会学）

　「持続可能な日本社会論」は私を含む3名の教員によるオムニバス講義で、本年度からESD基礎科目として始めた授業です。従来「現代日本社会論」として行っていた講義を持続可能性というコンセプトのもと講義目的や講義方法のバージョンアップを目指している授業です。3人の担当者で事前に話し合い、それぞれ5回の授業のうち1回目は教員による問題提起、2回目グループ討論、3回目グループ発表会、4回目と5回目で発表を受けての学問的方向付けの教授、という組み立てにすることにしました。テーマ設定は伊藤恭彦＝持続可能な社会と豊かさ　飯島＝人口減少社会と持続可能性、山田明＝震災後の社会と持続可能性、としました。受講者は120名程度。10グループにわかれ2回目にグループディスカッションを行い、その成果を3回目に発表します。その伊藤担当の3回目を「公開授業」とし、学部教員15名程度がグループ発表の場に出席・聴講しました。

　日本社会は豊かと言えるのかという点でとりあげられたのは、物質的豊かさと精神的豊かさ、毎年3万人近い自殺者がいることや過労の問題、社会のきずなが弱くなっていること、若者の雇用の不

グループ発表会の様子

安定さ、その他社会の様々な病理などです。目指すべき豊かさとは何かを考え、さらにそれを実現するためにどのような手立てがありうるのかという点では、外国からの労働者を制限するべきか、子育ての環境をどう整備するのか、教育の役割をどう位置付けるのか、留学生を増やすにはどうしたらいいのかなどがあげられました。各グループ、前の回に10～12人のグループで話し合った成果を模造紙1枚にまとめて5分間で発表しました。

120人近い学生と教員を前に緊張しながらもグループの代表者たちは結構どうどうと発表をやりとげていました。

印象深かったのは、大学入学したての1年生中心の授業でありながら、発表内容の筋が通っているものが多かったこと、また、積極的に手をあげて質問や意見を述べる学生が何人もいたこと、終わった後、会場から「この授業はおもしろい！」と声がもれていたこと、全体的に雰囲気が明るく、活気があったことなどです。グループ討論を通じて、学生どうしで意見を述べ合う機会、それをまとめる経験がとても重要な役割を果たしていると思われました。教師側が「解答」を教えてしまうのではなく（もともと豊かさとは何かといった問題は1つの解答があるわけではありません）、自ら考えたことを他の学生と議論し、まとめあげる面白さ・楽しさとわくわく感が体感できているなあと感じられました。大学に入って3回目の授業でこれだけのレベルの発表と討論ができるのだということが強く印象付けられました。もちろん、社会科学的な思考ができているのか、データの読み取り方、問題の立て方は適切か、実現する手立てはもうすでに実施されているものではないのか、などつっこんでいけばいろいろ浮かんできます。だが、むしろそういう課題が浮かんでくることこそ、こうした授業のメリットではないかということが言えそうです。伊藤教授の巧みなリードの仕方も含めて、講義形式の「パラダイム転換」が求められていると感じられ、深く考えさせられた授業でした。

第2部　質疑応答

大学でESDを継続的に進めるには？　スタッフや予算の確保は？

質問　大学でのESDの取り組み継続のために、運営スタッフの確保、測定手法の確立など、現段階でどのような対応をお考えですか。

阿部　まさに課題なんです。取り組み継続の課題で運営スタッフの確保と言ったときに、これはやはりその人にしっかりと給料を支払うことをしないといけないわけです。その給料をどう確保していくか。大学でも私立、公立、国立等でその財布はいろいろだと思うのですが、その経費をどこからか捻出しないといけない、という問題があります。ただ私の職場では、例えば学部なら学部で——私は社会学部にいますが——年間かなりの単位のお金が全体のマネジメントで繰り越されています。毎年貯まっていく資金があるわけです。学部の合意でいろいろなプロジェクトでそれを使っていけます。今であれば、体験型でリサーチ・ワークショップを大学側に見せようと考え、プロジェクトを作っていろいろやっています。だから、組織の合意形成ができれば、「じゃあそのお金をこっちに乗せよう」という算段はできるはずです。でも、例えば今うちの学部でESDをやるために、コーディネーターを雇用しましょう、だからそのお金を使いましょうと言っても、時期尚早でまだ通りません。そういう意味で、組織にもよりますが、そういうお金があったときに、お金をうまく都合できるようなそういう合意形成、それができるかどうかが、非常に大事だと思います。つまり、その合意形成に日頃から努めていることが大切です。

　ただ、このスタッフの確保という取り組みは難しいと思います。それから、特定の方に負担が継続的にしわよせされるとき、この負担を何らかの形で軽減していくことも必要で、やはりローテーションが必要だろうと思います。そのとき、熱意のない人が担当するのはやはり困ります。熱意が非常に大事ですから、そういうことも含めて全体

の底上げが必要です。それで、名古屋市立大学の人文社会学部でも、ESDを進めようとするなら、全体の底上げをしていかないと、今のような問題が起きてくる。全体の底上げをどうしていくか、そこが課題かなと思います。

中・高でESDはどうなっているの？

質問 「国連ESDの10年」が始まって既に8年経つのに、なぜESDが学校現場に入ってきていないのでしょうか。文科省の指導がないからではないでしょうか。中・高におけるESDの現状をどうお考えですか。

竹内 私の後ろの方のスライドで、中部ESD拠点第2分科会の2012年度の活動の2番目に出て来ましたが、愛知県の高校の中には「高等学校ESDコンソーシアムin愛知」というネットワーク組織があります。12月にこのコンソーシアムのワークショップ実践発表会がありました。こういったコンソーシアムに参加しているところはESDを実施しています。こうしたコンソーシアムに参加すると、その参加した高校ではESDの取り組みが進むのではないかと思います。全国的にはどうでしょうか。

阿部 ユネスコスクールについてはホームページを見ていただければよろしいのですが、この愛知県、名古屋市についてはどうでしょうか。学校の取り組みはあまり分かりません。確かに私も文科省の取り組みは弱いと思っています。ただ2008年につくられた学習指導要領には、ESDの視点はそれなりに入っています。また教育振興基本計画—今改定をやっています—にも盛り込まれて、そこにはより強く入っています。ですから、名古屋市も愛知県も教育振興基本計画を作っているので、そこに盛り込まれているはずです。おそらく来年最終年会合があるので、本腰を入れてくれるとは思うのですが、教育委員会にはもう少し積極的にやってほしいと思います。大方は環境部の取り組みが中

心的になっているところが多いのですが、全国では幾つかの市や町で、市丸ごと、あるいは町丸ごとESDというところがあちこちあります。それはやはり教育長、それから首長がこのESDこそ大事なのだと考えて、市全体が入るからです。そういった場所があちこちにあります。そういう意味で来年最終年会合があるので、ぜひ名古屋市、それから愛知県にはそういうことをお願いしたいと思っています。

　それから昨年あった神奈川県の教員採用試験では50問の選択問題の1つにESDが出ました。日本のESDについて、国連実施計画でいろいろ決められていますが、国連実施計画で書かれていないものはどれでしょうか、そういう選択肢を問う問題でした。教員採用試験にESDが出たことが画期的です。そんなふうに、本当にもっと学校でやるべきだという動きが見られます。これはすべてESDが入ったことで行われたことなので、教育基本法の改正も含めて積極的にやるべきだろうと思っています。

　それから、大学に入るまでに参加体験型を含めてESD的なことをやっておくのがいいというのは、まさにおっしゃるとおりです。ただそのESDを、環境教育も国際理解教育もそうでしょうが、本気でやることが大切です。例えばESDと言ったとき、岡山市はそれを本当に2002年からやっています。そこで私が出会った、当時小学生で、ESDのイベントにとても熱心に参加していた子がいました。その子たちは小・中・高校とやって、大学でESDに関連する専攻に行って今も頑張っています。

　先ほど名古屋市立大学の先生方にも見てもらったのですが、一昨日私のところに名古屋市立向陽高校の２年生の子からメールが来ました。実はその子とはCOP10のときに会っていました。彼はCOP10で非常に頑張っていました。いわゆる参加者ではなく、大人と一緒に活動していました。「ESDを一生懸命やりたい」と……。それで私に連絡をしてきました。「向陽高校でこんなことをやっている、私も卒業までにうち

の高校にESDの芽をつくりたい、どうしたらいいでしょうか」という相談でした。そんなふうに、やっぱりセンスのいい若い子は、ちゃんと大人が関わって一緒に体を動かしたらわかってくれます。一緒に本気になって動く大人のことはわかります。本人も頑張ります。ですから、そういう大人と若者というか、子どもが協働する場、一緒に動く場が必要なのです。

　今のような本当に暗い世の中で、子どもたちは未来がないと思っている。でもそのときに、未来を変えようと思っている大人たちがいる姿を、子供たちに見せることが大事なのです。学校でESDをやっていくときに、幼稚園でも保育園でも小学校でも中学校でもいいのですが、そこだけでやっては駄目なんです。地域なり大人たちと一緒にやることが大事なんです。つまりそういうことで未来に希望が持てるのです。ですから、そういう教育活動をしていくことが大事です。小・中・高校時代に座学的にESDをやっただけでは、その子たちに力が備わっていくわけではないと思います。

ESDと学力

質問　今、竹内先生は愛知県ではやっているところがあるとおっしゃいました。私は非常に傲慢な言い方をしますが、それはほんの一部であって、少なくとも愛知県の公立高校では、ESDの「E」の字をご存じの先生は少ないのではないでしょうか。そして、ESDに関する取り組みはほとんどの学校で行われていないし、逆に我々がやろうとしても、今度は「ゆとり教育」が廃止されて、「総合学習」の時間もおかしくなり、とてもできるような状況ではないと思います。結局私が思うのは、政府が勝手に国連で提案して決めてきて、文科省に「やれ」と言って、文科省も何か嫌々学習指導要領に書いているのではないか、ということです。だから全国的に広まらないのではないか、そんな感想を持っ

ていますが、いかがでしょうか。

阿部 そういうこともあるかもしれません。ただ、実はその文科省の中に国立教育政策研究所というのがあります。そこが昨年の春に3年間のESDの研究成果をまとめました。私も委員をやっていましたが、小学校から高校まで全国の数カ所の学校で、実際に「ESDで何を伝えるべきか」というコンテンツと方法を含めて、こうやればできるというものをまとめました。今それを基に、環境省はこのコンテンツを広げていこうとし、文科省もESDを普及していこうと努力しています。このようにして、学校教育に影響力をもっている教育政策研究所の担当者がESDに関心を持ってくれました。OECDの学力調査で出ているコンピテンス、学力というものと、ESDが狙っている自ら考える力、それは同じようなものだ、だからESDをやっていったら、学力は伸びるはずだと考えるようになり、そのような視点で入れ込んでいます。

ただこれが広く普及していないのは事実です。ですから、ESDをやったら学力が伸びることをきちんと広めていくことがすごく大事です。広がっていないことがやはり事実だとすれば、どうやったら広がるだろうか、その点をもっと前向きに考えていかなければいけないと思います。愛知県の場合は、県の教育センターが5年くらい前にESDを研究テーマに取り組みました。私もそのときに行きましたが、中・高の社会等に、ESDの視点を導入したいろいろな実践を拝見しました。素晴らしい実践でした。その後、じゃあそれをどう広げていくか、そこでワンクッションあったわけですが、愛知県でもさまざまな実践を行ってESDを広めていこうとする試みがあったのは、事実です。ですから、それをもっと広く知らせていくことが必要ではないかと思います。

中・高の総合的学習との違いは？

質問 大学におけるESDが強調する体験とか参加型学習などは、小・

中学校でも既に出て来ています。これについてさらに大学としてどういう工夫をしたらよいでしょうか。

阿部 ひと言だけ申します。小学校では参加体験学習を1・2年生の生活科、3年以上の総合的学習の時間でやっているはずです。しかし、中・高ではほとんどやっていません。だから大学で参加体験型あるいは対話・協働といったディスカッションも含めて、そういう授業をやると本当に学生は喜びます。つまり、小学校のときはいろいろやっていますが、中・高ではほとんどやりません。だから、先ほど述べた岡山のような例、それは本当に一部です。全体で言ったらほとんどやっておりません。ただ単にどこかの見学をする程度です。私が先ほど言ったような「場の教育」とか、あるいはあることをテーマにディスカッションするとか、あるいはしっかり調査してレポートをつくるとか、卒業研究みたいなことをやるとかする学校もあります。しかし、それ以外のほとんどの学校ではやっていない。そういう意味では本来中学、高校でやるべきなのです。そうすれば、大学ではそこをベースにして進めることができると思います。しかし、今は中・高であまりにもやっていないので、大学で体験・参加型学習をやることが必要になっています。

ESDを企業に

質問 愛知・中部地区というとものづくり企業が多いのですが、企業におけるESDの導入と実践等は、中部ESD拠点等でDESD—国連ESDの10年—の最終年に向けて、どのように扱うのでしょうか。生物多様性COP10では、多くの大企業が事業活動を行う際の視点に生物多様性を入れるなど、大きな効果がありました。

竹内 企業におけるESDということですが、SDを実践する人材をつくっていくのがESDだと思います。企業におけるSDは、さっきも出て

来た「ISO26000」にもあるようなCSR、CSRの中身としては、私の報告の最後にちょっと触れましたが、「地球憲章」にある「価値」や「原則」、これを達成することが重要です。これらを全部達成するのは大変でしょうが、この中の1つでも2つでも、自分のところの組織、企業に合った価値や原則を見つけ出し、それらを達成するために取り組むことが、企業におけるESD、CSRだと思います。名古屋市立大学へ行ってそういう知識を習得してくるとか、企業の中で知識を習得するとか、いずれにしてもそういう人材を企業の中で育てていくというのが、企業におけるESDです。このように捉えると理解しやすいのではないかと思いますが、いかがでしょうか。すみません、阿部さんどうでしょうか。

阿部 今の竹内先生のおっしゃったことでよろしいと思います。私の勤める立教大学ESD研究センターで、5年にわたって「企業のCSR人材育成プログラム」というのをつくってきました。いろいろなプログラムをその企業の方々と一緒につくり、実際に企業でやってみるということを繰り返しています。いわゆる大手の企業でやっていただいたのですが、その中で感じたこと、その成果などはホームページの方に入っています。

ESDと言ったとき、どういう素養を持つ人を育成するのか、という質問ですが、それは先ほど竹内先生も別所先生もあるいは成先生もおっしゃいましたが、まとめれば3つの公正ということになります。1つ目が世代内の公正。今同じ時間と空間を共有していながら非常に貧富の格差があるとか、あるいは人権の格差とか、あるいは平和の格差、それを正していく世代内の公正です。2つ目は世代間の公正。3つ目は、人という生物と、人以外の生物種、つまり人と他の生物の種間の公正です。この3つの公正を何とかうまく実現しようというのが共通ベースにあります。そういうことを企業人が知ること、つまり座学で知るだけでなく、マルチステークホルダー—さまざまな方々—と参加体験型

で対話をしながら学んでいくことが重要です。

　そうすることで何がその方々に身に付くかというと、それは私の報告で紹介した「グローバル・コンパクト」で言っている、環境だけではない人権や労働など、さまざまなものに対する気づきです。これらはサスティナビリティをベースに展開する企業人のスタンダードであると同時に、これから日本国内あるいは世界で企業が事業展開していくとき、その新たな展開あるいは発想のベースに、それらがなるからです。つまり、同業他社と——これは非常に狭い言い方ですが——まさにそこで差別化を図っていけるわけです。ESDの知識があること、あるいはそこで参加体験型で身に付けた感性、イマジネーションとか、あるいは批判的思考力とか、そうしたものが新たに事業展開していく上で非常にプラスに働きます。

　グローバル・コンパクトに参加している企業が「グローバル・コンパクト・ネットワーク」という国際ネットワークをつくっており、日本のグローバル・ネットワーク・ジャパンには130社程度が参加しています。そこではいろんな企業の先進事例を共有しているのですが、例えばユニリーバという世界企業のCSR活動はすごいといわれています。何であのようなCSRができるのかと考えますと、そうすることで事業展開がしやすくなる、そういうメリットがあるからです。ところが短期的視野で見ている企業は、「そんなことより今はとにかく金もうけだ」というところが多いのです。しかし生き残るためには、ESDのマインドを持った社員が必要なのです。そういうマインドを持った社員がいることで競争力が付く、そういうことがあります。

　しかしながら、先ほど言った３つの公正、あるいはESDで言うようなマインドを企業にそのまま入れようとしても、真っすぐには入りません。「それをやってなんぼのものだ」という話になったとき、そういうことを順守しないともう企業はやっていけないというとき、CSRが初めて問題になります。そして同時に、これを知ることが新たな事業

展開につながっていくとき—日本国内で言うと、例えば、中山間地域は過疎化・高齢化などで事業が出来そうにありませんが、そこでどう商売をしていくのかといったとき—、そこでのノウハウには、世界に打って出られる内容が絶対にあります。一方がもうけるだけでなく、ウィン・ウィンの関係をそこで構築しなければいけないわけですが、ESD的なマインドを持った人たちなら、そうした発想ができるだろうと思います。「企業でESDを」というとき、そういった進め方があるのではないでしょうか。

ESDと就職

質問 大学を出たら仕事先はあるのでしょうか。大学でESDを通じて人材養成を行う重要性は理解できますが、就職するにしても起業するにしても、育てた人材が活動できる場があまりないことが懸念されます。コーディネーター、ファシリテーターとしてどのような場で活動しているのか、あるいは受け入れ環境があるのかについて教えていただきたいと思います。

竹内 出口ですよね。持続可能な社会をつくるための専門家をつくる、養成するというのが高等教育におけるESDだと思うのですが、ではその専門家はどういう場で活躍できるか、ということだと思います。大学院ですと、普通は研究者をつくるのが大学院の目的なのでしょうが、今では研究者を目指す人たちは半分くらいしかいないと思います。企業というのが就職口として今ありますが、ある大学で持続可能性の専門家として育てられた人が、その企業にとって必要だという必然性はないですね。うちの大学院でもそうですが、大きな予算を取ってきてそれで大学院生を育てます。そのとき、大企業向けの人材というものをすぐに意識してしまいます。しかし、中小・中堅企業ですぐ社長になれた、それくらいの人材が育てられると面白いかな、と実は思って

います。留学生の教育で、インターンや何かで企業に行かせるケースも多いのですが、だいたいそれも大企業です。そういうパターンだけでなく、地場の中小とか環境産業、そういったところに就職させられたらと思っているのですが……。

阿部 そういうことが確かに課題ですね。報告でも紹介しましたが、環境人材育成コンソーシアムという、環境省がつくった「EcoLeaD」という組織があります。「環境」をしっかり学んでも出口がないから、それを何とかしましょうというのでつくった組織です。実は私のところは3、4年生全員が各々定員15人で、毎年フィールド演習と卒論演習をやっています。私のゼミは池袋の西口という、立教大学がある場所ですが、そこで地域の商店街の人たちのNPOと一緒に活動しています。学生たちが大学の中と外、外は今言った商店街や地域ですが、そこをエコ化するというのが私のゼミの活動です。学生たちが地域の大人たちと一緒になって地域の活動をしています。

今のゼミの主な活動は「蝶の道」プロジェクトです。池袋は駅の乗降客が新宿に次いで世界第2位という大都市です。今、話題になっている生物多様性（生態系サービス）の恩恵を最も受けているのは、都市住民と言われていますが、都市の住民たちはそのことを知っていません。それどころか、生物多様性のことも良く理解していません。「蝶の道」プロジェクトは、大都市である池袋にも飛んでいる蝶を切り口に、都市の住民に生物多様性のことを知ってもらおうというものです。蝶は生態系ピラミッドの下層に位置し、食草と蜜源があれば増やすことも可能です。蝶を生物多様性の一種のシンボルにすえようというものです。蝶の種や数を増やすためには人と自然のつながりだけではなく、それを維持していくためには、あるいはそれを実行するためには、人と人のつながりをしっかりつくらないといけません。また道路にプランターを置けるようにするとか、そういう社会の仕組みも変えなければいけません。つまり人と自然、人と人、人と社会との関係をしっか

りと構築していかないと、地域と連携した活動はできません。今それをやっています。私は10年ぐらいここの地域の人と一緒にずっとやっています。そのせいでしょうか、うちのゼミ生はコミュニケーション能力が高くて、希望する職業につく率も高いように思います。

　それともう1つ、学生が関心を持つ企業から人を呼んで、年に2回環境就職セミナーというのをやっています。うちの学生が企業に行ってお願いして来てもらって、その企業がどういうCSRをしているか、一般の学生を集めて話をしてもらっています。先ほど学士力という話をしました。コミュニケーション力ですね。それはこういった活動を通じて多分ついてくると思います。その結果、ある意味いろんなところに就職できるという成果もあると思います。こういう狭い話からもう少し話を広げてみます。就職が必ずしもサスティナビリティにつながるわけではないのですが、学生たちは、必ずしも全員ではありませんが、ESD、サスティナビリティに関連することをしたい、将来的にはそれに結び付けていきたいというふうに思ってくれています。では実際、大学でESDを学んだ人たちがどういうところに行くか。もうちょっとこれを広げてみますと、やはり先ほど竹内先生がおっしゃったように、企業もあるのですが、それよりはNGOや社会的起業、あるいはコミュニティ・ビジネスをやっていく、そういった人たちが結構います。

ESD力と地域おこし

　私はあちこち通っているのですが、その中に島根県隠岐諸島の海士町という町があります。日本の中で一番「Iターン」が多い町です。小さい島なのですが10年間で400人近く、三百数十人が「Iターン」で入っています。みんな20代、30代の若者です。町はとにかく何もないのです。町のキャッチコピーは「ないものはない」です。「コンビニもありません」というところです。そういうところに若者が入って生

コラム5

企業の社会的責任（CSR）とESD

藤田栄史（専門：労働社会学）

　頻発する企業不祥事、環境問題の深刻化、「ギャンブル資本主義」化と国内外での経済格差・貧困の拡大などを背景として、企業に対してその社会的責任を問う動きが国際的に高まり、これに対応し、企業の側から自主的に社会や環境に配慮を加え、「企業の社会的責任（Corporate Social Responsibility、CSRと以後略記）」を企業の事業活動を通じて果たそうとする取り組みが行われるようになりました。

　日本でも主要大企業等から構成される経済団体、日本経済団体連合会（経団連）が、「企業行動憲章」（2010年改訂）の前文において、「国の内外において、人権を尊重し、関係法令、国際ルールおよびその精神を遵守しつつ、持続可能な社会の創造に向けて、高い倫理観をもって、社会的責任を果たしていく」ことが企業に求められるとCSRを強調しています。この前文では、CSRを発揮する方向として「持続可能な社会の創造」を位置付けています。ここにみられるように、今日のCSR論では、CSRを「持続可能な社会の創造」と結びつけてとらえています。

　CSRにかかわる様々な国際的な規格・指針が近年つくられています。国際標準化機構（ISO）が策定したISO26000（社会的責任に関する手引き）、OECD（経済開発協力機構）多国籍企業行動指針、国連グローバル・コンパクトなどがあります。

　国連グローバル・コンパクトは、人権、労働基準、環境、腐敗防止の4分野にわたる10原則の支持・遵守を企業に求めています。このように企業・組織に求められる社会的責任の内容は、公正な事業慣行や法律の遵守にとどまらず、環境保護、人権の尊重、労働基準の遵守の領域に渡るものとなっており、ESD「持続可能な発展のための教育」が掲げている課題と重なり合っ

ているのです。

　ESDは、環境、人権、貧困、平和など現代社会の課題を自らの問題としてとらえ、持続可能な社会をつくることをめざす学習・活動ですから、ESDで求められる教育は学校・大学教育の枠に収まるものではありません。企業活動が現代社会の課題と深く結びついている現状があることを考えるならば、ESDに関わって企業が果たす役割に大きな期待が寄せられることになります。

　日本におけるESD普及に大きな役割を果たしている立教大学ESD研究センターは、「次世代CSRにおけるサステナビリティ教育指針―持続可能な社会の実現をめざす企業と企業人のためのESDガイドライン」（http://www2.rikkyo.ac.jp/web/esdrc/program/ESD_final.pdf、最終アクセス：2013年7月2日）を作成し、企業内での教育に活用できる具体的なプログラムも提案しています。

　同「サステナビリティ教育指針」は、「持続可能な社会づくりの課題に対し、敏感な対応ができないと、ビジネスにとって『リスク』になりますが、逆に積極的な取り組みができると『チャンス』（機会）として生かすことができます」と指摘しています。環境問題に積極的に取り組むことが企業のブランド・イメージを高めるだけでなく、省エネによりコスト低減につながるなど、持続可能な社会づくりへの関与が企業にとってメリットになる領域が拡大しています。

　とはいえ、経営者団体である経済同友会が『第17回企業白書』（2013年4月）で述べているように、「一見相反するかに見える」地球・社会のサスティナビリティへの貢献と企業の収益力とを「どう一つの企業活動としてまとめていくのか」は、「持続可能な経営」にとって困難な課題にほかなりません。短期的収益とその配分を企業に対して求める流れがあるなかで、環境と社会の持続可能性という広い利害関心を企業活動に反映する、こうしたことができる企業のあり方を模索することが、ESDにとって必要になっています。

活するわけです。行く理由はいろいろですが、そこに三百数十人が新規に住んでいるわけです。定住の秘訣があるようで、町の方にお聞きしました。「地域再生を俺がやってやるんだ」という、そういう気持ちで行った人はほとんどドロップアウトして、帰っちゃうそうです。やはり地域には地域のルールがあります。いくら「Ｉターン」で来て、確かに周りの人たちはうれしいのですが、上から目線で「俺が地域を変えてやるんだ」という人は、だいたいドロップアウトして帰ってしまう。しかし、地域の中でいろいろ矛盾はあってもそこで3年ぐらい耐えるという、そういう人たちはその後ずっと残っているそうです。どういう人たちがそこで耐えられるかを考えたとき、まさにここで言っているようなコミュニケーション力を含めて、ESD力というか、そういうものを身に付けた人たちが恐らくそこで残っています。その人たちは何をしているかというと、「持続可能な社会、日本で一番持続可能な町にしていくんだ、島にしていくんだ」という思いで活動しております。

　だからそういう意味で、このESDで身に付けた力を活かさない手はないと思います。しかし、普通の企業で活かすことは今はなかなかむずかしい。やはり出口で、「別にそんな人はいらない」という企業がまだまだ多い中で、どうしたらそれを活かしていけるでしょうか。今そんな人たちが、たとえば、総務省が募集している地域おこし協力隊とかで全国で活躍しています。こういう若者たちは結構増えています。彼らはやはり自分の意志を持っていて、その思いをどこだったら実現できるか、と考えています。日本かもしれないし、世界かもしれない。そういうふうにESDを前向きに学んで行く。打って出るというか、学んだことをどこかで生かすんだという、そういう積極性を持つように仕向けていく、そういうことが大事だと思います。日本の場合、町では活躍する場が少ないかもしれませんが、打って出たら場は絶対あると思っています。

司会　どうもありがとうございました。今の隠岐の島の海士町という

のは、うちの国際文化学科の国内フィールドワークで今年度行ったところです。その報告会を1月29日にやったばかりで、その報告書も出ています。

ESDは南北問題を解決できるか？
持続可能性と発展の矛盾をどうするか？

司会 最後に、根本的な問題に移らせていただきます。3人の方から似たような問題が出されております。ちょっと読ませていただきます。

「人文社会学部の別所学部長の報告にありました『SD—持続可能な開発—は対立矛盾をはらんだ概念です』という指摘が重要であると思います。大学においてESDを始める場合には、第一に人類社会全体が持続不可能の危機に直面している具体的事例の研究に取り組むべきではないのか、開発途上諸国はこれから積極的に経済成長を進めるでしょうし、世界人口も90億人に達すると予想されます。ローマクラブ『成長の限界』執筆者の1人であるヨルゲン・ランダース氏は2052年以後の半世紀が人類の危機の時代であると予測しています。したがって、まず第一に人類はこれからも生存可能かどうかの研究が必要なのではないかと考えます」。

「ESDへの取り組みをいろいろ伺ったが、現在日本で行われているものは、環境との共生を重点としたせいぜい先進国の国内問題、まちおこしなどに偏っており、持続可能な開発を求める途上国の声に答えるものになっているとは思われない。一方で途上国の現状は植民地主義やその後継としての開発独裁による国内の疲弊に大きな原因があり、その経緯を考えるに、先進国の責任は問われざるを得ない。このような状況下、日本のESDは今後特有の偏りをどう正していくべきか、身近な問題から出発するのをよしとするとしても、持続可能な開発という矛盾した概念をどう教育に取り入れ、どう協働する人間をつくって

いくべきなのかアイディアがあればぜひ伺いたい」。

「ESDとは結局のところ環境教育と開発教育の問題ではないか、またESDを国内とか海外とか分けて考えるものではなく、国内外の垣根を外して考えるべきものと捉えている。なぜならばESDは経済力のある先進国、例えば日本国内で成り立ってもその持続可能な経済活動は世界人口の2/3以上を占める途上国に依存している。他方、途上国は環境などの持続可能な経済を実践するだけの体力・経済・人材等のリソースを有していない。途上国も先進国も同じ規制を課せば経済発展の実現が困難となる。言い換えれば、途上国の発展なくしては世界全体の発展も望めない。したがって、ESDは世界の途上国問題にどう対応するかが最大テーマとなると思うが、成長あるいは開発と環境の両立をESDの中でどう捉えて、大学教育としていくのかをお尋ねしたい」。

趣旨としてはほぼ同じような質問だと思いますが、かなり根本的なESDに対する問題提起だと思います。この点についてどなたかお答え願います。

ESDは矛盾があるから学ぶ意味もある

別所 私の名前も少し出ましたので、発言させていただきます。1つにはSD、持続可能な開発ということは矛盾含みであるが、でも矛盾を隠しているからみんなが合意できる、みんながこれはいいことだと考える—その点は大事なことだと思います。その上でESDについて大学で学生に自分で考えさせたとき、それがまさに矛盾含みであって、単に自然に出掛けていって、「自然が素晴らしかった。環境を守る努力をしましょう」ということでは済まなくなる。要するにそれが社会の問題だと気付いて、次に行動に移っていくということになります。それが世界の問題だから世界へ飛び出していくということもあるでしょうが、いろんな問題が私たちの日常、名古屋の中にも存在していて、そ

れについて批判的に見ていく、これを大学教育としては地道にやる必要があるのではないかと思っています。いろいろな問題を具体的に分析する手法については、確かに教師がきちんと指導していくべきでしょう。

竹内 まさに今名古屋大学の中で、新たな大学院教育のあり方の1つとして、また大きな資金を取ってこようと検討しているのですが、その中で、持続可能な発展・開発といってもこれまでのような先進国から途上国へ技術協力をするとか、技術移転をするとか、いわば上から目線というのは、もう通用しないのではないですか、ということが問題になっています。先ほど言いましたような「地域知」、「伝統知」に根差した開発・発展を目指し、その人材、リーダーを育成しようとする大学院の教育プログラムです。「開発なり発展というのは、ともに発展し、ともに進んでいくんだ、一緒にやっていくんだ、そのような見方でないともう通用しないのではないか」という考えを持っている先生たちが、そう言っています。この先生たちは、今まで農業協力をしてきたり、土木の協力をしてきたりしてきた人たちです。それが開発独裁的なものを排除することになるのかは分かりません。しかし視点としては、今述べたような、「ともに発展」という視点がますます必要になってくるのではないか、と思っています。

持続不可能性のエビデンスを認めることから始めよう

阿部 質問者がどなたか分かりませんが、同じように思います。どうしていいかというのは私自身もよくわかっていない。それではどういうことを考えているかというと、今、それから今後ますます、持続不可能、アンサスティナビリティなんだという、その状況をきちんと知ることが重要だと思います。今、きちんとその状況のエビデンス（明白な証拠）、資源であろうがなんであろうが、要するにアンサスティナビ

リティのエビデンスを出そうと思ったら、いっぱいあるわけです。持続不可能なエビデンスはいっぱいあるのですが、それを出さない、出したくない。

　例えば私、今、研究プロジェクトで福島に入っています。原発被災者の人たちをエンパワーする、ESDをどうするかということで、3年プロジェクトで入っているのですが、その福島——福島も場所によっていろいろです——に今残っていらっしゃる方々もいれば、そこから避難された方もおります。そして、避難された方々と残っている方々の意識は今どんどん広がっています。残っている人たちには「何であの人たちは避難したんだ」、「何で戻ってこないんだ」という思いがあります。そしてまた、残っている人たちは「もう放射能なんか構うんじゃない」と放射能を忘れようとしています。放射能はあるんですが、もう構っても生きていられない、「忘れるんだ」、「忘れなきゃ生きていけない」と。事実そこに放射性物質はあるわけですが、それを意識したら生きていけない。「忘れよう、忘れよう」としています。その意識の差はどんどん広がっています。これは同じ家族の中でも広がっています。そういう本当に悲惨な状況です。

　私が言いたいことは、そういった事実をしっかりと開示していくということです。どんどん出すということなのです。やはりそこからしか始まらないのです。今私たちはもはや持続不可能であっても、その事実を知りたがらない、知りたくないわけです。知ったら不安なので知りたくない。多くの方がそうなんです。しかし、それはそうではない。事実をきちんと知らなければいけない。それがすごく大事だと思います。情報を共有することが今、必要なのです。

　先進国であれ途上国であれ、状況は非常に深刻だと思います。そういう意味でこの地球環境の問題——地球環境問題を中心にしながらそれに関連するさまざまな事項——が国際レベルで重要だということを、つまり安全保障上重要な問題だということを、共有する場が必要だと思

います。これは国連経済社会理事会で今までやってきていますが、それではダメで、去年の「リオ＋20」でも話題になりましたが、国連に環境理事会というのをつくるべきじゃないかという議論が出ています。つまり環境問題は既に安全保障上の最重要課題になっている。そのことをしっかり共有することが大事なのです。

日本から世界へ持続可能な未来像を

　その上で先進国と途上国がどう折り合いを付けていくか、そのことが大事なんだろうと思います。そのときに例えば、国内問題といってもグローバルな問題があり、実際日本は海外にいろいろな意味で依存していますが、例えば30年後、40年後の日本、サスティナブルな日本をつくろうと思えるだけの資源なら、まだ日本には地熱などエネルギー資源を含めて十分あります。だから、可能性があるわけです。つまりサスティナブルな日本をきちんとビジョンとして描く力が、私たちにはあるはずなのです。しかしながら、実際には描けていません。政府だってみんなバラバラです。環境省、経産省、農水省、みんなバラバラです。持続可能な日本という未来を描いていない。本来持続可能な日本、30年後こういう日本になろうという未来像を、ボトムアップ、トップダウンでつくるべきなのです。つくってそしてバックキャスティングでそれを目指していく。それをやれる可能性がある日本でやらずに、じゃあこの日本でも難しい、あるいは途上国でも難しいといっていたら、何も始まりません。だからやれる可能性があるなら、まず日本でやろうじゃないか。

　同時にそれをやりつつ、それを途上国でも一緒にやろう、そういうことをしていかないといけません。例えばこれは昨年の「リオ＋20」でのことですが、グリーン経済、グリーンエコノミーが問題になりました。これはいいことです。しかし、結局グリーンエコノミーは先進

国が金もうけする手段ではないかということで、途上国はみんな反対に回ってしまいました。このように、いろいろな事業者、企業が一国の企業じゃなくてグローバルな企業なので、今どうなるか分からない不安があります。

その意味で、私はナショナルなレベルで日本は持続可能性をしっかり具体化していく必要があるだろう、それをやらなきゃいけないと思っています。それと同時に、地球環境ガバナンス的な、例えば環境理事会とかいうものを国連につくるとか、そういうことに日本も尽力すべきだと思います。今日本がそういう意味で、イニシアチブを本来発揮できるはずなのに発揮しておりません。そういう問題になってくるとやはり政治の問題、その政治を支えている私たち国民の問題になるわけです。

やれることはたくさんある

先ほど別所先生が倫理のお話をされました。原発事故の後に即座に行動したのはドイツです。ドイツは原発廃止を決めていましたが、それをメルケルさんは延長しました。ところが、原発事故があった後は原発廃止をすぐに決めました。あのとき、廃止を決めた委員会には科学者が入っておりませんでした。「原発の問題は倫理の問題なんだ」、「世代間の問題なんだ」、だから科学者は関係ないというわけです。一方日本はどうなるかというと、私はSDを考えていく上で原発はあり得ないと思っているんですが、原発問題について倫理の問題を含めて、私たち日本でやれることがあるはずです。

そこで途上国問題ですが、私たちがやれることは今述べたようにいっぱいあります。それをやらなきゃいけない。でも今の日本において、私たちはやれることをやっていないのではないか、と私は思っています。だからその問題を克服する必要があると私は考えます。

コラム6

ESD基礎科目「世界の中の日本文化」授業風景

阪井芳貴（専門：沖縄学・日本民俗学）

　ESD基礎科目「世界の中の日本文化」を開設するにあたり、私たちはその目的を、これまでの定型的な「日本文化」像を批判的に捉え直し、世界へとどのように日本文化の姿を伝えていくか、また名古屋から何を発信し得るのかを構想すること、に設定しました。また、授業の目標を、愛知・名古屋の歴史・民俗・文化遺産に関する基礎的な知識の習得、外来文化の受容、吸収、変容、共生によって日本文化が形成されたという認識の涵養に置き、日本文化が今後も受容、変容、組み替えを繰り返しつつも継続、発展していく、その持続可能性について考究する視座を確立するためのプログラムを用意することとしました。

　そして、このプログラムとして設定したのが、名古屋市博物館の常設展示（「尾張の歴史」）に展示されている有形文化財もしくは無形文化財一点を選び、それについてグループで調べる、という方式でありました。これは、博物館の全面的な協力なしには成り立たないものでしたが、幸い、2009年度から継続してきた名古屋市立大学と名古屋市博物館の連携事業によって培われた信頼関係と協力態勢が大きな支えとなったのです。市博物館との事前の打ち合わせでは、15回の授業の大半を博物館でおこなうこと、可能な範囲で市博学芸員がサポートすることのみを決め、実際の授業展開のスケジュールと構成は、受講者のグループ分けが確定してから検討することにして、新年度を迎えたのでした。なお、博物館での実習のような形態となるため受講者数の制限を希望しましたが、カリキュラム上の制約により、それはかなえられませんでした。

　4月になり、蓋を開けてみると、受講者は予想以上の130名近くに上りました。そのため、グループ編成に大いに手間取り、また、それぞれの研究課題を確定するにも時間を要しましたが、なんとか12のグループを編成しました。この間、最低一度は博物館に赴き、常設展示を見学したうえで、各

名古屋市博物館で学芸員による収蔵物に関するレクチャーを聴く

自最も関心のある展示物をチェックし、どのようなことを調べるか考えるよう指示しておきましたが、グループ編成はそれに基づき私たちと学生との間にやりとりを重ねておこないました。こうしてきたグループのテーマは、以下の通りです。

①チーム土器石器　②6 feet under　③チーム解文　④チーム仏像　⑤チームごはん　⑥刀組　⑦チーム清洲　⑧チーム TIKEN　⑨チーム山車　⑩家電芸人　⑪ Team ARIDAIRA　⑫チーム War

（チーム名は学生がそれぞれ命名）

　古代から太平洋戦争まで、ほぼ各時代にテーマが分散したのは興味深かったのですが、実際の研究に入る段階で市博学芸員から求められたのは、実際の展示物から何を見いだすか、モノを原点にさまざまな角度から日本文化と世界との連関を考える視座を持つこと、でした。5月半ばには各グループによる第一回目のプレゼンテーションをおこない、学芸員や私たちからコメント・アドバイスがありましたが、それによって研究の方向性が定まったグループは少なくありませんでした。さらに、学芸員数名により、中国王朝の至宝展・文字資料・刀・土器・民具・瓦についてのレクチャーがなされ、大学では経験できない知の刺激がもたらされました。その後、中間報告会を経て、本稿を執筆している今、各チームは最終報告会に向け準備に取りかかっているはずです。

　いわば手探りで始めた本科目でしたが、受講者たちのパソコンを使ったプレゼンテーションを見ていると、わずか数ヶ月で大いに成長したグループもあり、ESD 科目としての手応えを感じているところです。

おわりに

　「国連ESDの10年」の終了まで、あと1年半を残すのみとなりました。しかし本書でも触れられているように、日本におけるESDの普及は、やっと緒についたばかりという印象です。また、ESDと銘打った実践の多くが、実際には自然環境保全やエネルギー問題など、従来から環境教育で扱われてきたテーマに偏っており、経済的公正や社会的公正への広がりをもつ実践が多くはないことも指摘されています。

　そんな中で名古屋市立大学人文社会学部は、ESDを教育の柱とすることを決断し、「人文社会学部」の強みを活かしたESDへのアプローチを模索し始めました。多様性の承認、地域協働とまちづくり、グローバルな共生といった、社会的公正の視点からのESDの展開が中心になりますが、前例が多くないこともあって、教員にも確実な自信があるわけではありません。また、人文系の専門分野から、いかに環境的公正や経済的公正への気づきにつなげていけるのかということも課題です。

　しかし、1年生向けのESD基礎教育を始めてわずか半年ではありますが、学生や地域との協働的学習を通じて、結果として学び多きESDが生み出され得るという手ごたえを感じつつあります。これからは、すでに学部内にあるESD資源を整理しながら実践を蓄積し、ESDの構造的厚みをつくっていかなければなりません。将来的には、「人文社会学系学部におけるESDモデル」となり得るカリキュラムを構築することが求められるでしょう。

　来年2014年11月には、ここ名古屋でユネスコ世界会議が開かれます。その場で「国連ESDの10年」がいかに総括され、今後の方向性がいかに示されるのか、学生と共に注目したいと思っています。たとえ「ESDの10年」が終わろうとも、ESDの社会的意義が失われるわけではありません。次の世代に平和で幸福を感じられる社会と地球環境を受け渡すために、大学人として、今わたしたちができることを考え、行動していきたいと思います。

2013年8月
成玖美・寺田元一

読書ガイド

■ESD全般
・生方秀紀・神田房行・大森享編著『ESDをつくる―地域でひらく未来への教育』ミネルヴァ書房、2010年
・五島敦子・関口知子編著『未来をつくる教育ESD―持続可能な多文化社会をめざして』明石書店、2010年
・佐藤真久・阿部治編著、阿部治・朝岡幸彦監修『持続可能な開発のための教育　ESD入門』筑波書房、2012年
・西井麻美・藤倉まなみ・大江ひろ子・西井寿里編著『持続可能な開発のための教育（ESD）の理論と実践』ミネルヴァ書房、2012年
・ユネスコ・アジア文化センター『学校＆みんなのESDプロジェクト　ひろがりつながるESD実践事例101』2012年
・立教大学ESD研究センター監修、阿部治・田中治彦編著『アジア・太平洋地域のESD〈持続可能な開発のための教育〉の新展開』明石書店、2012年

■大学／高等教育におけるESD
・阿部治監修、荻原彰編著『高等教育とESD―持続可能な社会のための高等教育』大学教育出版、2011年
・フィンランド教育省編著（齋藤博次・開龍美監訳、岩手大学ESDプロジェクトチーム訳）『フィンランドの高等教育ESDへの挑戦―持続可能な社会のために』明石書店、2011年

■学びの方法／オルタナティブな学びを問う
・小田隆治・杉原真晃編著『学生主体型授業の冒険―自ら学び、考える大学生を育む』ナカニシヤ出版、2010年
・苅宿俊文・佐伯胖・髙木光太郎編『まなびを学ぶ―ワークショップと学び1』東京大学出版会、2012年
・辻英之編著『奇跡のむらの物語―1000人の子どもが限界集落を救う！』農山漁村文化協会、2011年
・中野民夫『ワークショップ―新しい学びと創造の場』岩波新書、2001年
・吉田敦彦『世界のホリスティック教育―もうひとつの持続可能な未来へ』日本評論社、2009年

■社会的公正を問う
・阿部彩『弱者の居場所がない社会―貧困・格差と社会的包摂』講談社現代新書、2011年
・岩波書店編集部編『3.11を心に刻んで2013』岩波ブックレット、2013年

- 香坂玲『地域再生—逆境から生まれる新たな試み』岩波ブックレット、2012年
- 濱口桂一郎『新しい労働社会—雇用システムの再構築へ』岩波新書、2009年
- 広井良典『創造的福祉社会—「成長」後の社会構想と人間・地域・価値』ちくま新書、2011年
- ロナルド・ドーア『誰のための会社にするか』岩波新書、2006年

■グローバル化を問う
- 赤嶺淳編『グローバル社会を歩く—かかわりの人間文化学』(名古屋市立大学人間文化研究叢書3) 新泉社、2013年
- 伊豫谷登士翁『グローバリゼーションとは何か—液状化する世界を読み解く』平凡社新書、2002年
- 「外国につながる子どもたちの物語」編集委員会編『まんが　クラスメイトは外国人—多文化共生20の物語』明石書店、2009年
- ジョセフ・E・スティグリッツ(楡井浩一ほか訳)『世界の99％を貧困にする経済』徳間書店、2012年
- ヘレナ・ノーバーグ＝ホッジ(『懐かしい未来』翻訳委員会訳)『懐かしい未来—ラダックから学ぶ(増補改訂版)』懐かしい未来の本、2011年
- ワールドウォッチ研究所編著『地球白書』(シリーズ)家の光協会(その後、ワールドウォッチジャパン)、2001年-

基本用語集 (参考 URL の最終アクセス：2013 年 7 月 20 日)

アジェンダ 21

1992 年にブラジルのリオ・デ・ジャネイロで開催された地球サミット（国連環境開発会議）で「環境と開発に関するリオ宣言」とともに、その行動綱領として採択された文書である。21 世紀に向けて持続可能な開発を実現するための行動計画で、第 1 部「社会的・経済的側面」、第 2 部「開発資源の保全と管理」、第 3 部「NGO、地方政府など主たるグループの役割の強化」、第 4 部「財源・技術などの実施手段」からなる。女性や貧困、人口、居住など幅広い分野をカバーする。アジェンダ 21 の実施状況を精査するため、国連に「持続可能な開発委員会（CSD）」が設置されている。また国や地方自治体レベルで、アジェンダ 21 の行動計画やローカルアジェンダも策定されている。名古屋では、「なごやアジェンダ 21」が 1996 年に制定された。これは、地球環境保全に資する地域的取組みを推進する行動計画で、基本理念として「地球市民としての自覚と実践」「環境への負荷の少ない産業活動の推進」「環境にやさしい、うるおいとゆとりのあるまちづくり」を掲げる。

なお、地球サミットについて一言。1992 年の国連環境開発会議が最初の地球サミットであるが、これ以外に、持続可能な開発に関する世界首脳会議（2002 年、ヨハネスブルグ）、国連持続可能な開発会議（リオ+20）（2012 年、リオ・デ・ジャネイロ）も「地球サミット」と呼ばれる。

環境人材育成コンソーシアム

環境省が平成 20 年に策定した「持続可能なアジアに向けた大学における環境人材育成ビジョン」に基づく、産学官民連携プラットフォーム（基盤）のこと。アジアでは、急速な経済成長や人口増加等に伴い、資源・食料・水需要の拡大、公害・健康被害の発生、温室効果ガス排出の増大等が顕著になっている。持続可能な社会の構築を実現するには、環境保全に取り組むとともに、環境の視点を社会経済活動に統合し、強い意志とリーダーシップを発揮できる「環境人材」の育成が急務である。その育成には、教育機関だけでなく産学官民すべての関係者の協働が必要である。このような状況の中、産学官民連携プラットフォームとして「環境人材育成コンソーシアム」(EcoLeaD: Environmental Consortium for Leadership Development) が設立された。「コンソーシアム」は関係府省と連携し、持続可能な社会構築をリードする環境人材の育成・活用、交流・研究の場の提供、そのためのネットワーク形成、教育プログラム構築等の支援を行っている。

教育振興基本計画

2006 年に改正された教育基本法に基づき、国の教育振興に関する施策の総合的・計画的な推進を図るために政府が策定する計画のこと。2013 年 6 月に閣議決定された第 2 期教育振興基本計画（対象期間：2013 年度～2017 年度）では、ESD について「現代的、社会的な課題に対して地球的な視野で考え、自らの問題として捉え、身近なところから取り組み、持続可能な社会づくりの担い手となるよう一人一人を育成する教育（持続可能な開発のための教育：ESD）を推進する」（基本施策 11

現代的・社会的な課題に対応した学習等の推進）と明記されている。また、第1部「我が国における今後の教育の全体像」には、「四つの基本的方向性」として、「社会を生き抜く力の養成」、「未来への飛躍を実現する人材の養成」、「学びのセーフティネットの構築」、「絆づくりと活力あるコミュニティの形成」が挙げられている。いずれも ESD の含意と一致しており、本計画全体の実現へ向けた取り組みが、ESD の過程そのものであると指摘することもできる。

　　＜参考 URL＞　文部科学省　http://www.mext.go.jp/a_menu/keikaku/

グリーンエコノミー

　「将来世代を著しい環境リスクや生態系の欠乏にさらすことなく、長期的に人間の幸福を向上させ、不平等を軽減する経済」（国連環境計画（UNDP）2010「グリーンエコノミー報告書」より）のこと。経済開発においては、環境と社会に対するリスクを十分に考慮する必要がある。グリーンエコノミーでは、環境と経済の2分野に焦点が当てられるが、それは社会とも深くかかわる。それは持続可能な開発のための手段であり、各国の事情に応じてその進め方は異なる。さまざまな技術力や手法、経験を各国が共有し、自前のグリーンエコノミー戦略を策定することが重要である。それは、環境へのリスクを減少させるだけでなく「人々の厚生と社会的公正を改善する経済」であり、現在・将来世代間の社会的公平、とりわけ貧困削減に重点をおく。(1) 環境と経済の統合、(2) 健全な生態系と環境を現在と将来の世代へ継承すること、(3) 環境保全と同時に雇用確保と経済発展を図ること、がその中核をなす。

国連グローバル・コンパクト（国連グローバル・コンパクト・ジャパン・ネットワーク）

　　企業等に対し、国際的に採択・合意された普遍的な価値を率先的に実行することを求める、4分野（人権、労働、環境、腐敗防止）10原則。1999年の世界経済フォーラム（ダボス会議）において、当時のアナン国連事務総長が提唱した。具体的には、「原則1: 人権擁護の支持と尊重」、「原則2: 人権侵害への非加担」、「原則3: 組合結成と団体交渉権の実効化」、「原則4: 強制労働の排除」、「原則5: 児童労働の実効的な排除」、「原則6: 雇用と職業の差別撤廃」、「原則7: 環境問題の予防的アプローチ」、「原則8: 環境に対する責任のイニシアティブ」、「原則9: 環境にやさしい技術の開発と普及」、「原則10: 強要・賄賂等の腐敗防止の取組み」である。2013年7月現在、世界約145カ国で1万以上の企業等が署名している。日本では、これに賛同する企業等が、自発的取り組みとして「国連グローバル・コンパクト・ジャパン・ネットワーク」を結成し、学習活動や情報発信等をおこなっている。

　　＜参考 URL＞　グローバル・コンパクト・ジャパン・ネットワーク
　　　　　　　　http://www.ungcjn.org/

国連アカデミック・インパクト

　世界各国の高等教育機関同士、および国連と高等教育機関との連携を強化し、国連の活動に対する高等教育機関のコミットを強化するためのプログラム。参加大学はアカデミック・インパクトの10原則から少なくとも1つの原則に関わる活動を、

毎年おこない、報告することが求められる。10原則とは、「原則1:国連憲章の原則を推進し、実現する」、「原則2:探求、意見、演説の自由を認める」、「原則3:性別、人種、宗教、民族を問わず、全ての人に教育の機会を提供する」、「原則4:高等教育に必要とされるスキル、知識を習得する機会を全ての人に提供する」、「原則5:世界各国の高等教育制度において、能力を育成する」、「原則6:人々の国際市民としての意識を高める」、「原則7:平和、紛争解決を促す」、「原則8:貧困問題に取り組む」、「原則9:持続可能性を推進する」、「原則10:異文化間の対話や相互理解を促進し、不寛容を取り除く」である。

　　＜参考URL＞　国連アカデミック・コンパクトJapan
　　　　　　　http://www.academicimpact.jp/

国連大学

　国連憲章の目的および原則を推進するため、地球規模の課題に対する具体的解決策の創造を目指す学際的研究の振興と、途上国の人材育成を目的に設立された研究組織。1972年に国連総会によって設立が認められ、1973年に国連大学憲章が正式に採択された。組織は、東京の大学本部と、世界各地に設けられた国連大学研究所・研修センターからなる。本部では国連大学全体の事業方針の決定や組織の管理・運営をおこない、各地の研究所・研修センターでは既存の大学・研究機関との連携を図りながら、持続可能性にかかわる様々なテーマに関する研究・学習活動を展開している。国連大学は、日本に本部を置く唯一の国連機関であり、その誘致のため、当時日本政府は、土地と建物を無償で提供し、国連大学基金に対し1億ドルを拠出した。現在日本では、本部に「サスティナビリティと平和研究所（UNU-ISP）」と、横浜に「国連大学高等研究所（UNU-IAS）」が置かれ、研究機関として学際的および国際的な研究活動を展開している。

　　＜参考URL＞　国連大学　http://jp.unu.edu/

子どものまち

　子どもが仮想のまちの主人公/主体となり、さまざまな職業やまちの自治などを経験しながら、遊びを通して「働くこと」や「人とのかかわり」などを学んでいくプログラム。ドイツのミュンヘン市で1979年から開催されている「ミニ・ミュンヘン」がモデルとなっている。日本では2000年から開催されている千葉県佐倉市の「ミニさくら」が先駆けであるが、現在では全国で様々な団体・組織が同様の実践に取り組んでおり、総称して「子どものまち」と言われるようになっている。キャリア教育、市民教育(シティズンシップ教育)、消費者教育など、様々な教育的側面からの可能性をもった取り組みであり、子どものまちを主体的に作り上げる子どもの参画や、子どもをサポートする青年層の育成という面からも意義が認められている。名古屋市では各児童館や多くのNPOなどが実施しており、全国的に見ても取り組みが盛んな地域となっている。

社会的企業（または起業）

　営利を目的とせず、事業を通じて社会的目的の達成をめざす企業やNPOなど

のこと。環境や福祉、教育など社会的課題の解決に経営やビジネスの手法をもって貢献する「ソーシャル・ビジネス」に取り組む事業体を指す。また、そうした事業を創始した実業家などを社会起業家（または企業家）と呼ぶ。1980年代以降、新自由主義的政権下で社会保障費が削減され、それまで公的援助に依存して運営されてきたNPOは、深刻な資金不足に陥った。そうした中で、収益事業を事業体のコア・ミッションとする事業モデルが登場した。営利企業の形を取るもの（グラミン銀行など）、NPOの形を取るもの（フローレンスなど）、複数の企業やNPOを組み合わせたもの（ビッグ・イシューなど）など、形式は様々である。有料のサービス提供活動による社会的課題の解決を目指す点で、無償による奉仕を特徴とするボランティア活動などと区別され、自社の利潤の最大化ではなく社会的使命の達成を最優先する点で、従来の営利企業とも区別される。

地球憲章

　地球環境を維持するために必要な、国家および国家間の行動のための新しい規範として、2000年にユネスコ本部で起草され、2002年の持続可能な開発に関する世界首脳会議で大きく紹介された。各国政府はもちろん、市民ひとりひとりの意見を集約する形で制定された憲章である。人々の意識や行動から変革しようとする点に特色があり、人々による人々のための行動規範という性格を有する。内容的には、有限な地球に棲む多様な生命の一員として、私たち人間は地球環境とどうかかわるべきか、をまとめている。また、ここでの地球環境には、自然環境だけでなく、貧困、社会的不正義、経済的不平等、紛争なども含まれる。それゆえ憲章は、1. 生命共同体への敬意と配慮、2. 生態系の保全、3. 公正な社会と経済、4. 民主主義、非暴力と平和を実現する、持続可能な未来のための価値や行動規範を扱う。2004年に国連で「ESDの10年」の取り組みがなされる中、「地球憲章」は世界中の教育現場、企業、自治体、個人に学ばれ、行動規範として定着しつつある。

なごや環境大学

　名古屋市において、市民・市民団体、企業、学校・大学、行政が協働で企画・運営している、環境学習のネットワーク。「大学」と銘打っているが、学校教育法上の大学ではなく、NPOを中心とした多様な主体による講座・イベント等から形成される、市民大学的な学習機会の総称である。対象は幼児／家族連れ向けから一般市民向けまで、期間は単発イベントから連続講座やゼミなど数回にわたるものまでと、多様な形態が存在する。毎年春季と秋期に分け、それぞれ数十の講座等が準備される。2005年度から本格的な事業がスタートした。2011年度にはこれまでの到達点と課題を踏まえ、「持続可能な都市の実現に向けて、社会の多様な主体が「行動しやすくなるしくみづくり」」を基本理念とした第3期ビジョンを策定し、「名古屋を動かす」人材の育成に向け、行動・協働する市民として「共に育つ（共育）」実践を展開している。

　＜参考URL＞　なごや環境大学　http://www.n-kd.jp/

フェアトレード

　発展途上国の原料や製品を適正な価格で継続的に購入することを通じ、立場の弱い途上国の生産者や労働者の生活改善と自立を目指す公平貿易のこと。オルタナティブ・トレードとも言う。主として国際的な貧困対策、環境保護を目的とし、アジア、アフリカ、中南米などの発展途上国から先進国への輸出において、こうした取引形態が採用される傾向がある。その対象は、コーヒー、バナナ、カカオのような食品、手工芸品、衣服などの商品である。消費者が自分の気に入った商品を購入し、自発的継続的に行える身近な国際協力のかたちなので、欧米のみでなく日本でも、フェアトレードに取り組む団体やフェアトレード商品を扱う店、購入する個人は増えている。

ボン宣言

　2009年にボンで開かれたESD世界会議の成果文書としてとりまとめられた。宣言では、ESDの意義、これまでの進捗状況を示すとともに、下記の行動を呼びかけた。政策レベルでは、ESDをあらゆる教育に持ち込み促進すること、持続可能な開発（SD）やESDへの社会の意識と理解を向上させること、ESD支援のための資源・資金を集めること、国家や地域レベルでSDに対処するための教育や訓練システムを再構築すること、様々なセクター・省庁の連携によってESD政策を確立・実施することなどである。さらには、ユネスコがイニシャティブを発揮して国際機関、世界会議などを通じて「国連ESDの10年」を推進することも唱われている。その過程で、愛知・名古屋で「国連ESDの10年」の最終年会合が開かれることも決定され、現在愛知・名古屋地区でESDを推進するための様々な取り組みが展開されている。

ミレニアム開発目標

　2000年9月のニューヨークで開催された国連ミレニアム・サミットで採択された国連ミレニアム宣言と、1990年代に開催された主要な国際会議やサミットで採択された国際開発目標を統合し、一つの共通の枠組みとしてまとめたもの。193の全国連加盟国と23の国際機関が、2015年までにこれらの目標を達成することに合意している。具体的には以下の8目標を掲げており、その下により具体的な21のターゲットと60の指標が設定されている。目標1: 極度の貧困と飢餓の撲滅、目標2: 初等教育の完全普及の達成、目標3: ジェンダー平等推進と女性の地位向上、目標4: 乳幼児死亡率の削減、目標5: 妊産婦の健康の改善、目標6: HIV/エイズ、マラリア、その他の疾病の蔓延の防止、目標7: 環境の持続可能性確保、目標8: 開発のためのグローバルなパートナーシップの推進である。ほとんどの目標は1990年を基準年とし、2015年を達成期限とする。これは、世界の最貧困層のニーズを満たそうという、過去に類を見ない取り組みの原動力となっている。

ユネスコスクール

　ユネスコ憲章の理念を実践することを表明し、ユネスコスクールのネットワーク（ASPnet; Associated Schools Project Network）に加盟が承認された学校。日本では当初、ユネスコ協同学校と呼んでいたが、2008年からユネスコスクールという呼

称に改められた。ユネスコスクールでは、世界の加盟校との交流などを通じて、地球規模の諸問題に対処する新しい教育内容や手法の開発・発展を目指している。従来のユネスコスクールは、平和教育や国際理解教育など個別分野の教育実践に取り組むことが多かったが、現在は学際的なESDの視点から取り組みを深めることが期待されている、日本では、文部科学省およびユネスコ国内委員会がユネスコスクールをESD推進拠点と位置付け、加盟校増加に取り組んでいる。2013年現在、世界180カ国で約9000校が加盟し、日本では、2013年4月現在、全国で578校が加盟している。

<参考URL>　ユネスコ・アジア文化センター　ユネスコスクール公式ウェブサイト
http://www.unesco-school.jp/

リオ+20（国連持続可能な開発会議）

1992年の「国連環境開発会議」から20周年を迎える機会に, 同会議のフォローアップ会合を行うことをブラジル政府が提案したことから、2012年6月にリオ・デ・ジャネイロ（ブラジル）で開催された。世界の指導者が民間企業、NGOなどのグループと一堂に会し、どのように貧困を削減し、社会的公正を高め、環境保護を実現できるかが話し合われた。メインテーマは、どのようなグリーンエコノミーを構築すればよいか、持続可能な開発に向けた国際的調整をどう改善するか、であった。会議を通してグリーンエコノミーへの理解が深まり、国際社会全体として推進するという前向きなメッセージが発せられた。持続可能な開発のための新たな枠組みについては、1.従来の「持続可能な開発委員会」（CSD）に代わるハイレベル政治フォーラムの設立（2013年の国連総会まで）、2.国連環境計画（UNEP）の強化・格上げなどが採択された。

索引

▶**アイウエオ順**

▶あ
アジェンダ21　　12, 32, 105
▶い
インフォーマル教育　　13, 63
▶う
ウィン・ウィンの関係　　25, 88
▶え
エコリーグ　　47, 58
エンパワー　　97
▶か
開発教育　　19, 61, 76, 95
開発性科学　　54
学士力　　45, 46, 57, 90
学習指導要領　　60, 81, 83
環境首都　　19
環境人材育成コンソーシアム　　42, 58, 89, 105
▶き
教育振興基本計画　　60, 81, 105
▶く
グリーンエコノミー　　67, 98, 106, 110
グリーン購入　　47
▶け
限界集落　　51, 103
現代的教育ニーズ取組支援プログラム（現代GP）　　41
▶こ
国立教育政策研究所　　60, 61, 84
国連アカデミック・インパクト　　44, 106
国連グローバル・コンパクト　　44, 87, 91, 106

国連グローバル・コンパクト・ジャパン・ネットワーク　　106
国連経済社会理事会　　98
国連実施計画　　82
国連大学　　42, 58, 63, 107
国連人間環境会議　　8, 9, 10, 31
子どものまち　　22, 107
コミュニティ・ビジネス　　90
▶さ
サスティナブル・キャンパス　　46, 55
参加型学習　　54, 84, 85
▶し
「持続可能な開発のための教育の10年」推進会議（ESD-J）　　26, 27, 35
持続性科学　　54
教育GP　　53
質の高い大学教育推進プログラム　　53
社会人基礎力　　46, 52
社会的企業（社会的起業）　　90, 107
▶す
スマートシティ　　50
▶せ
世界環境保全戦略　　31
▶た
大学のユニバーサル化　　45
だがねランド　　22, 27
▶ち
地域おこし協力隊　　93
地球憲章　　12, 15, 70, 72, 86, 108
地球サミット　　12, 13, 32, 105
知の社会化　　54
▶て
ディープ・エコロジー　　33
▶と
東海州　　69

▶な
なごや環境大学　　20, 27, 108
▶に
二十四節気　　70
▶の
ノンフォーマル教育　　13, 63
▶は
バックキャスティング　　98
万博　　65
▶ひ
ピースあいち　　22
▶ふ
フェアトレード　　20, 22, 47, 109
フォーマル・エデュケーション（公教育）　　13, 63
『不都合な真実』　　33, 37
▶ほ
ボン宣言　　70, 71, 109
▶ま
マルチステークホルダー　　43, 86
▶み
見える化　　56
ミレニアム開発目標　　44, 61, 109
▶ゆ
ユニバーサルデザイン　　46, 55
ユニリーバ　　87
ユネスコ国内委員会　　62, 110
ユネスコスクール　　42, 43, 57, 58, 59, 60, 68, 81, 109, 110
▶り
リオ＋20　　67, 98, 110
▶ろ
ローマクラブ　　8, 94

▶ ABC順
COP10　　65, 82, 85
CSR　　43, 86, 87, 90, 91, 92
DESD　　14, 15, 61, 85
ESDの10年　　3, 14, 18, 19, 30, 41, 43, 55, 57, 62, 71, 81, 85, 102, 108, 109
EcoLeaD　　89, 105
ESD拠点　　62, 63, 64, 65, 66, 67, 72, 81, 85
ESDユネスコ世界会議　　14, 65, 72
HESD　　42, 57
ISO26000　　43, 86, 91
Iターン　　90, 93
OECD学力調査　　84
PBL　　36, 77
ProSPER.NET　　42
RCE　　42, 49, 51, 55, 58, 63, 64, 65, 71
USR　　6, 43, 45, 46
Well-being　　6, 7, 28, 29, 30, 33, 34

読者が新たな知見を加えて本書を自分用に豊かにしていくためのページ

＊監修者・執筆者プロフィール

（監修者）

成　玖美　　名古屋市立大学准教授、専門：社会教育学

寺田元一　　名古屋市立大学教授、専門：18世紀フランス思想

（執筆者）

別所良美　　名古屋市立大学教授・人文社会学部長、専門：現代思想

成　玖美　　名古屋市立大学准教授、専門：社会教育学

阿部　治　　立教大学社会学部／異文化コミュニケーション研究科教授・同ESD研究所長、専門：環境教育／ESD

竹内恒夫　　名古屋大学大学院環境学研究科教授、専門：環境政策論

吉田一彦　　名古屋市立大学人文社会学部教授、専門：日本古代史・日本仏教史

藤田栄史　　名古屋市立大学人文社会学部教授、専門：労働社会学

山田　明　　名古屋市立大学人文社会学部教授、専門：地域政策・地方財政

飯島伸彦　　名古屋市立大学人文社会学部教授、専攻：政治社会学・メディア社会学

阪井芳貴　　名古屋市立大学人文社会学部教授、専門：沖縄学・日本民俗学

ESDと大学	〈人間文化研究叢書別冊　ESDブックレット1〉	

2013年9月30日　第1刷発行　　（定価はカバーに表示してあります）

　　　　　監　修　　成　玖美・寺田元一
　　　　　編　者　　名古屋市立大学人文社会学部
　　　　　発行者　　山　口　　章

発行所　　名古屋市中区上前津 2-9-14　久野ビル　　風媒社
　　　　　振替 00880-5-5616 電話 052-331-0008
　　　　　http://www.fubaisha.com/

乱丁・落丁本はお取り替えいたします。　　＊印刷・製本／モリモト印刷
ISBN978-4-8331-4109-3

人間文化研究叢書の創刊にあたって

名古屋市立大学大学院人間文化研究科長　人文社会学部長　藤田栄史

名古屋市立大学人文社会学部は、「人間・社会・文化のあり方を学際的な視点から問い直し、ウェルビーイング（豊かで人間らしい生き方）を可能にする社会の実現への貢献を目標とし」一九九六年に設立された。また、学部完成後、大学院人間文化研究科を開設し、二〇〇五年には人間文化研究所も設立して、ウェルビーイングを可能にする人間・社会・文化のあり方について、研究・教育の成果を蓄積してきた。

こうした蓄積を研究科・学部として大学外へ意識的に発信する一つのルートを設けるため、人間文化研究叢書を創刊することになった。

同研究叢書の刊行の狙いは、第一に、重要な学術的な意義を有する専門的研究成果を公表し、第二に、市民や社会の必要に応える公共知の一端を担う研究成果を、市民・社会に発信すること、第三に、こうした発信の機会を保証することで、互いに刺激し合いながら、われわれの研究活動をさらに活性化することにある。

研究叢書の刊行は、研究成果を発信し公共知の一端を担おうとするものであるが、研究成果を一方的に伝えようとするだけのものではない。人文・社会科学は、人間、人間の活動により創り出される文化・社会を対象としており、その研究活動そのものがそうした対象の一部をなす。つまり、人文・社会科学の研究は、人間・社会・文化の状況に影響され、あるいは、これと格闘しながら、展開されるものといえよう。したがって、研究叢書の刊行は、多様な研究の射程を生かして現在の状況に対する反省的な問いかけを行い、研究教育の成果を大学外へと発信し還元していくことをめざしている。同時に、市民と社会からのレスポンスを受け、社会と対話することを通じて、自らの研究を反省的に捉え直し、研究の新たな展開へとつなげることも企図している。

名古屋市立大学開学六〇周年、人文社会学部設立一五周年である二〇一〇年度にくしくも、人間文化研究叢書を創刊することができた。現在、自然環境面での持続可能性が課題になっているだけでなく、社会の「自壊」、「無縁社会」化が指摘され、社会の持続可能性が問われている。私たちは、学部設立の理念「ウェルビーイング」を基礎に置き、さらには、「持続可能な地域社会と地球社会をつくる教育」（Education for Sustainable Development）の推進拠点という学部の新たな発展目標も打ち出そうとしている。人間文化研究叢書の発刊が、市民や社会との対話を通じて、こうした理念や目標の実現に寄与することができるよう、最善を尽くしていきたい。

（二〇一一年三月）